Band 22

Schriften zum Notarrecht

Herausgegeben von der
Deutschen Notarrechtlichen Vereinigung e.V. (NotRV)

Prof. Dr. Johannes Hager (Hrsg.)

Aktuelle Probleme zum Grundstücksrecht

Tagungsband

Mit Beiträgen von

Notar Prof. Dr. Dr. Herbert Grziwotz
Notar Konrad Lautner
Prof. Dr. Johannes Hager

Nomos

Die Deutsche Nationalbibliothek verzeichnet diese Publikation in der Deutschen Nationalbibliografie; detaillierte bibliografische Daten sind im Internet über http://dnb.d-nb.de abrufbar.

ISBN 978-3-8329-6165-7

1. Auflage 2010

Vorwort

Die Forschungsstelle für Notarrecht an der Ludwig-Maximilians-Universität München hat am 19. Mai 2010 eine Tagung mit dem Titel »Aktuelle Probleme zum Grundstücksrecht« ausgerichtet. Dieser für die notarielle Praxis und die Gerichte als auch für die Wissenschaft bedeutsame und vielschichtige Themenkomplex wurde von hoch qualifizierten Referenten aus unterschiedlichen Perspektiven beleuchtet.

Im Eingangsreferat beschäftigte sich Notar Professor Dr. Dr. Herbert Grziwotz mit Einheimischenmodellen ohne Einheimische und erläuterte Gestaltungsprobleme bei der Baulandausweisung und der Bauplatzveräußerung. Anschließend referierte Notar Konrad Lautner zu den Änderungen und Auswirkungen des ERVGBG auf die GbR im Grundstücksrecht. Im dritten Referat sprach Professor Dr. Johannes Hager über die Möglichkeit der Wiederaufladung einer Vormerkung. Die Schriftfassung der Referate soll mit diesem Tagungsband der Öffentlichkeit zugänglich gemacht werden. So ist zu hoffen, dass die hier dokumentierten Vorträge die Diskussion anregen und vertiefen können.

Herausgeber und Referenten danken sehr herzlich der Landesnotarkammer Bayern und der Deutschen Notarrechtlichen Vereinigung e.V. für den großzügigen Druckkostenzuschuss, durch den die Publikation dieses Bandes erst ermöglicht wurde.

Professor Dr. Johannes Hager

Lehrstuhl für Bürgerliches Recht und Medienrecht
Ludwig-Maximilians-Universität München

Inhaltsverzeichnis

Einheimischenmodelle ohne Einheimische Gestaltungsprobleme bei Baulandausweisungen und Bauplatzveräußerungen*

Prof. Dr. Dr. Herbert Grziwotz, Notar in Regen

Städtebauliche Verträge im Zusammenhang mit einer Baulandausweisung und bei späteren Bauplatzveräußerungen unterliegen nicht nur den Einschränkungen des nationalen zivilen und öffentlichen Rechts, sondern haben auch europarechtliche Vorgaben zu beachten. Zudem ergeben sich aus neueren Entscheidungen wichtige Hinweise für die Vertragsgestaltung.[1]

I. Baulandausweisung und Kostenbeteiligung

1. Planungs- bzw. Nichtplanungsverpflichtung und Schadensersatz

Im Zusammenhang mit Bauleitplanverfahren sind Investoren häufig nur bereit, bestimmte Kosten zu übernehmen, wenn sichergestellt ist, dass die Planung mit dem favorisierten Inhalt realisiert wird. Ein Anspruch auf Aufstellung oder Änderung von Bauleitplänen kann jedoch vertraglich nicht begründet werden (§ 1 Abs. 3 S. 2, 2. Halbs. BauGB). Sogar die Zusage einer Gemeinde, die Aufstellung eines inhaltlich näher bestimmten Bebauungsplans in Übereinstimmung mit dem Vertragspartner zu fördern, ist bereits unwirksam.[2] Auch gegenüber einer anderen Gebietskörperschaft besteht von diesem Verbot der Planungsbindung keine Ausnahme.[3] Umgekehrt darf eine Gemeinde auch nicht die Bindung eingehen, eine bestehende Planung nicht zu ändern oder eine bestimmte Planung zu unterlassen.[4] Derartige Verpflichtungen werden mitunter bei Grundabtretungen für neue Erschließungsstraßen eingegangen, wenn Bürger nicht mit zusätzlichen Erschließungskosten durch die

* Eine erheblich gekürzte und veränderte Fassung ist erschienen in MittBayNot 2010, 356.

1 Vgl. auch *Busse*, BayGT 2009, 356 ff.

2 BGHZ 76, 16 = BauR 1980, 327 = DVBl 1980, 679 = MDR 1980, 289 = NJW 1980, 826; BVerwG, NJW 1980, 2538; krit. *Kemper*, Planungsleistungen als „Gegenleistungen" in städtebaulichen Verträgen (2007), S. 66 ff.; vgl. zur entsprechenden Situation bei Erlass einer Abgabensatzung OVG Magdeburg, NVwZ 2010, 396 = NotBZ 2010, 102.

3 BVerwG, NVwZ 2006, 458 = JuS 2006, 762.

4 Vgl. § 1 Abs. 8 BauGB; OLG München, BayVBl 1980, 504; VGH Kassel, BauR 1986, 179 = NVwZ 1985, 839; OVG Münster, BeckRS 2008, 34085.

künftige Maßnahme belastet werden möchten. Die Formulierung, dass die Gemeinde den bestehenden Bebauungsplan oder eine darin festgesetzte Straßenführung nicht ändern wird, »rutscht« in derartige Verträge mitunter »hinein«. Eine diesbezügliche Verpflichtung ist jedoch unwirksam.[5]

Ein subjektives Recht auf Aufstellen oder Beibehalten einer Bauleitplanung mit einem bestimmten Inhalt kann somit ebenso wenig wirksam begründet werden, wie ein Anspruch auf Unterlassen einer bestimmten Bauleitplanung. Dies schließt es allerdings, wie bereits § 12 BauGB zeigt, nicht aus, dass die gemeindliche Bauleitplanung auf Initiativen Privater reagiert. Die städtebauliche Steuerungsfunktion der gemeindlichen Bauleitplanung wird nämlich auch durch die Interessen privater Investoren beeinflusst. Werden für bestimmte Bereiche konkrete Ansiedlungswünsche geäußert, steht es der Gemeinde grundsätzlich frei, aus städtebaulichen Gründen in der von ihr gewollten Weise darauf zu reagieren. Deshalb kann sie Ansiedlungswünsche, die mit dem bestehenden Baurecht nicht vereinbar sind, zum Anlass nehmen, durch ihre Bauleitplanung entsprechende Baurechte zu schaffen, wenn dies ihren städtebaulich motivierten Zielvorstellungen entspricht. Entscheidend für die Frage der Erforderlichkeit der Bauleitplanung (§ 1 Abs. 3 S. 1 BauGB) ist allein, ob die jeweilige Planung, unabhängig davon, von wem die Initiative ausging, in ihrer Ausgestaltung darauf ausgerichtet und in ihrer konkreten Form der Durchführung dadurch motiviert ist, die betreffenden Grundstücke nach Maßgabe der gesetzlichen Bindungen sinnvoll städtebaulich zu überplanen.

Die gemeindliche Planungsbefugnis bleibt bis zum Inkrafttreten (nicht: »Rechtskraft«) des Bebauungsplans frei. Deshalb kommt auch eine Haftung bei Abbruch des Bauleitplanverfahrens aus einer vorvertraglichen Pflichtverletzung nur ausnahmsweise in Betracht, selbst wenn die Gemeinde hinsichtlich der Planung zunächst kooperativ mit dem Vorhabenträger zusammengearbeitet hatte. Eine Haftung ist deshalb nicht bereits dann zu bejahen, wenn beispielsweise ein neu gewählter Gemeinderat eine andere Plankonzeption entwickelt und das bisherige Planaufstellungsverfahren abbricht. Ein Verschulden kann nur in einem Verhalten der Gemeinde gesehen werden, das außerhalb der eigentlichen Bauleitplanung liegt.[6] Derartige Zusagen werden häufig in persönlichen Gesprächen gemacht, aber teilweise auch in Präambeln von Verträgen aufgenommen. Eine Bindung des unverändert bestehenden Planungsermessens kommt nur ausnahmsweise in Betracht, wenn die Gemeinde städtebaulich nachvollziehbare Gründe für das Abrücken von der konkreten Planung nicht anführen kann und/oder wenn das vom Vorhabenträger verfolgte Ziel den eigenen städtebaulichen Vorstellungen der Gemeinde entspricht.[7] Auch in diesen Fällen besteht jedoch keine Verpflichtung zur Planung, sondern nur ein Anspruch auf Ausgleich des entstandenen Schadens. Die Planungshoheit der Gemeinde schließt näm-

5 S. nur *Söfker*, in: Ernst/Zinkahn/Bielenberg/Krautzberger, BauGB (Stand: Januar 2010), § 1 Rn. 42 f.

6 Zuletzt BGH, BauR 2006, 1876 = BayVBl 2007, 155 = DVBl 2006, 1326 = NVwZ 2006, 1207 = ZfIR 2006, 770.

7 OVG Lüneburg, BauR 2009, 777.

lich Schadensersatzpflichten, wie die §§ 42 ff. BauGB zeigen, nicht aus. Deshalb kann auch in städtebaulichen Kostenübernahmeverträgen vereinbart werden, dass Aufwendungen des Vorhabenträgers für eine Planung im Falle ihres Scheiterns durch die Gemeinde erstattet werden. Anders ist dies, wenn nicht lediglich entstandene Aufwendungen erstattet werden, sondern eine Art Vertragsstrafe zu Lasten der Gemeinde vereinbart wird, um dadurch einen wirtschaftlichen Druck auf die Gemeinde auszuüben. Auch eine Pauschale, die keinen Bezug zu den tatsächlichen Aufwendungen hat, kann insoweit bereits problematisch sein.

2. Kostentragung hinsichtlich des Aufstellungsverfahrens und Vollstreckungstitel

Grundsätzlich muss die öffentliche Hand ihre Sach- und Personalkosten, die ihr im Zusammenhang mit der Erfüllung öffentlicher Aufgaben entstehen, selbst aus ihren allgemeinen Einnahmen decken. Nur ausnahmsweise ist, sofern ein besonderer Vorteil für den Einzelnen aus der Tätigkeit der öffentlichen Hand resultiert und eine diesbezügliche Norm besteht, die Erhebung einer »Sonderabgabe« zulässig. Beispiel ist die Erhebung des Erschließungsbeitrags für die hierdurch erschlossenen Grundstücke (§§ 127 ff. BauGB, Art. 5a BayKAG). Der die Erschließungsbeitragspflicht rechtfertigende Sondervorteil liegt in der engen räumlichen Beziehung der beitragspflichtigen Grundstücke zu den Erschließungsanlagen, die den Grundstücken besondere, über die der Allgemeinheit zukommenden Möglichkeiten hinausgehende Nutzungen (z.B. Zufahrt von der Straße) oder besondere Begünstigungen sonstiger Art (z.B. Nähe von Parkflächen, Grünanlagen etc.) gewährt. Die Nutzungsmöglichkeit ist ausreichend (z.B. zweite Zufahrtsmöglichkeit durch Doppelerschließung).[8] Bei dem von einem Investor »angestoßenen« vorhabenbezogenen Bebauungsplan sieht § 12 Abs. 1 S. 1 BauGB vor, dass sich der Vorhabenträger zur Tragung der Planungs- und Erschließungskosten in voller Höhe oder nur zum Teil hiervon verpflichtet. Was die Planungskosten betrifft, ergibt sich die Verpflichtung des Vorhabenträgers zur Tragung der Kosten im Regelfall bereits daraus, dass er selbst den Plan vorzulegen hat. Dies gilt aber auch für ergänzende Planungen und Unterlagen sowie hinsichtlich der Einbeziehung weiterer Flächen in den Bebauungsplan (§ 12 Abs. 4 BauGB).[9]

Allgemein regelt § 11 BauGB in zweifacher Weise die Frage der von einem Vertragspartner der Gemeinde zu übernehmenden Kosten. § 11 Abs. 1 S. 2 Nr. 1 BauGB bestimmt, dass Gegenstand eines Vertrags über die Vorbereitung und Durchführung städtebaulicher Maßnahmen eine Regelung sein kann, wonach diese Aufgaben »durch einen Vertragspartner auf eigene Kosten« übernommen werden. § 11 Abs. 1 S. 2 Nr. 3 BauGB betrifft demgegenüber Vereinbarungen zur Über-

8 Vgl. *Driehaus*, ZMR 1990, 462 ff.; *Grziwotz*, in: Ernst/Zinkahn/Bielenberg/Krautzberger, BauGB (Stand: Januar 2010), § 127 Rn. 2a.

9 *Krautzberger*, in: Ernst/Zinkahn/Bielenberg/Krautzberger, BauGB (Stand: Januar 2010), § 12 Rn. 101.

nahme von Kosten städtebaulicher Maßnahmen, insbesondere also die Tragung von Folgekosten. Stets muss es sich, wie sich aus der Gesetzesformulierung (»Kosten und sonstige Aufwendungen«) ergibt, um eine Art Aufwendungsersatz handeln.[10] Zu den Kosten, die der Gemeinde für städtebauliche Planungen entstehen, gehören auch Aufwendungen, die durch die Aufstellung eines Bebauungsplans veranlasst werden. Aus diesem Grunde wurde in städtebaulichen Verträgen die Übernahme der externen Kosten der Planung (Entwürfe, Gutachten und Umweltberichte) stets zugelassen. Anders war dies hinsichtlich der durch die Planung entstehenden Verwaltungskosten in persönlicher und sachlicher Hinsicht.[11] Das BVerwG[12] hat auch die Erstattung dieser Kosten durch den Privaten zugelassen, soweit die entsprechenden Arbeiten auf Dritte übertragen werden könnten, also die Gemeinde diese nicht zwingend selbst durchführen muss. Die diesbezüglichen Kostenübernahmeverträge müssen eindeutig vereinbart werden. Ist dies versäumt worden, ist später keine »Abrechnung« unter dem Gesichtspunkt des Verschuldens bei Vertragsschluss oder wegen einer Geschäftsführung ohne Auftrag möglich.[13] Die Gemeinde muss bei einer derartigen Vereinbarung zweistufig vorgehen: Zunächst müssen die externen Kosten ermittelt werden. Sodann müssen diesen die internen Verwaltungskosten, die tatsächlich entstehen, gegenübergestellt werden. Lediglich bis zum Höchstbetrag der externen Kosten sind die internen Verwaltungskosten erstattungsfähig. Die häufig praktizierte Methode der Vorlage eines Kostenvoranschlags eines Architekten, der Grundlage der Erstattung sein soll, ist deshalb durch die Rechtsprechung nicht gedeckt.

Ein Sonderproblem ergibt sich bei vertraglichen Kostenerstattungsvereinbarungen hinsichtlich der Gebühren eines von der Gemeinde beauftragten Rechtsanwalts, der diese beim Abschluss des städtebaulichen Vertrags berät. Trotz der vorgenannten Entscheidung des BVerwG ist fraglich, inwieweit die Kosten einer eigenen Rechtsverfolgung und -wahrung dem Vertragspartner auferlegt werden können. Grundsätzlich muss diese Kosten, wenn nicht ein besonderer Ersatzanspruch besteht, jede Partei nämlich selbst tragen. Ob dies bei städtebaulichen Verträgen anders ist, ist höchstrichterlich noch nicht entschieden.[14] Demgegenüber können Notarkosten wegen dessen gesetzlich zwingender Unparteilichkeit vom Vorhabenträger übernommen werden. Dies gilt wohl auch dann, wenn der Vertrag nicht beurkundungsbedürftig ist, sondern »freiwillig« beurkundet wird, um auf diese Weise eine rechtliche Überprüfung der Vereinbarungen bei einer kleinen, rechtlich nicht beratenen Ge-

10 Grundlegend BVerwGE 42, 331 = BauR 1973, 1285 = DÖV 1973, 709 = DVBl 1973, 800 = NJW 1973, 1895.

11 So weiterhin *Krautzberger*, in: Ernst/Zinkahn/Bielenberg/Krautzberger (Fn. 9), § 11 Rn. 59.

12 BauR 2006, 649 = DNotZ 2006, 905 = DVBl 2006, 455 = NVwZ 2006, 336; vgl. hierzu *Dirnberger*, BayGT 2006, 90, 92 f.; *Vierling*, DNotZ 2006, 891, 893 ff; *Uechtritz*, BauR 2006, 1201.

13 S. nur OVG Koblenz, DVBl 2004, 392 = ZfIR 2004, 910.

14 Vgl. zu den Kosten für die Hinzuziehung eines Rechtsanwalts im Vergabeverfahren OLG München, ZfBR 2009, 104 = IBR 2008, 606.

meinde zu erhalten. Unberührt bleibt der Gemeinde, Verträge durch ihre Rechtsaufsichtsbehörde überprüfen zu lassen.[15]

Insbesondere für Zahlungspflichten des Privaten[16] soll regelmäßig ein Vollstreckungstitel geschaffen werden. Verträge zwischen der öffentlichen Hand und einem Privaten sind auch im öffentlichen Recht nicht schon als solche Vollstreckungstitel, sondern erhalten diese Eigenschaft nur dann, wenn sich die Vertragsparteien durch Vereinbarung, die auch gesondert und nachträglich getroffen werden kann, der sofortigen Vollstreckung unterwerfen. Fehlt es an einer derartigen Vereinbarung oder ist sie unwirksam, so muss die Gemeinde ihren Anspruch klageweise vor dem zuständigen Gericht geltend machen. Insbesondere kann sie ihre Ansprüche nicht durch Verwaltungsakt durchsetzen.[17] Als Möglichkeiten der Schaffung eines Vollstreckungstitels stehen Art. 61 BayVwVfG und im Rahmen der notariellen Beurkundung § 794 Abs. 1 Nr. 5 ZPO zur Verfügung. Hierzu ist zunächst darauf hinzuweisen, dass die Qualifizierung eines Vertrages als städtebaulicher Vertrag noch keine Zuordnung zum öffentlichen oder privaten Recht enthält.[18] Entscheidend ist auch insoweit der Gegenstand des Vertrages.[19] Deshalb besteht beispielsweise bei Verträgen im Rahmen des Einheimischenmodells, die die Rechtsprechung dem Zivilrecht zuordnet,[20] unzweifelhaft die Möglichkeit einer notariellen Zwangsvollstreckungsunterwerfung. Die höchstrichterliche Rechtsprechung[21] lässt auch bei öffentlich-rechtlichen Verträgen eine notarielle Zwangsvollstreckungsunterwerfung zu.[22] Grund hierfür ist, dass der Schutz, den Art. 61 BayVwVfG im Falle einer Unterwerfung des Bürgers unter die sofortige Vollstreckung vermittelt, auch bei einer Vollstreckbarkeit in Form einer notariellen Urkunde nicht unterlaufen wird: »Der Umstand, dass die Urkunde gem. § 794 Abs. 1 Nr. 5 ZPO der ... notariellen Aufnahme in der vorgeschriebenen Form bedarf, bietet nämlich bei wertender Betrachtung einen Schutz, der nicht hinter dem vom § 61 Abs. 1 S. 1 und 2 VwVfG ausgehenden zurückbleibt.«[23] Der besondere Schutz des Art. 61 BayVwVfG besteht darin, dass

15 Vgl. krit. zum Nichtfunktionieren dieser Überprüfung BayVGH, BayVBl 2004, 692 = NVwZ-RR 2005, 781 = ZfIR 2005, 205, wobei allerdings auch die notarielle Beurkundung nicht half.

16 Zur Zwangsvollstreckungsunterwerfung der Gemeinde vgl. *Grziwotz*, MittBayNot 2010, 80 f.

17 Allg.A., s. nur *Kopp/Ramsauer*, VwVfG, 10. Aufl. 2008, § 61 Rn. 6; Bader/Ronellenfitsch/Kämmerer, VwVfG (2010), § 61 Rn. 3; a.A. wohl noch OVG Münster, DÖV 1960, 798; vgl. auch VG Braunschweig, NVwZ-RR 2001, 626.

18 S. nur *Stich*, in Berl. Komm. z. BauGB, 3. Aufl. 2002 (Stand: April 2010), § 11 Rn. 58 ff.; *Krautzberger*, in: Ernst/Zinkahn/Bielenberg/Krautzberger (Fn. 9), § 11 Rn. 186 ff.

19 Vgl. GmS-OGB, BGHZ 97, 312, 313 = NJW 1986, 2359; BGHZ 89, 250, 251 = NJW 1984, 1820; BGHZ 102, 343, 347 = NJW 1988, 1264; BVerwGE 12, 64, 65; vgl. bereits BayVGH, BayVBl 1975, 651.

20 S. nur BGHZ 153, 93 = DNotZ 2003, 341 = DVBl 2003, 519 = BauR 2003, 703 = NVwZ 2003, 371 = MDR 2003, 378 = NotBZ 2003, 235 = ZfIR 2003, 205.

21 BVerwGE 96, 326 = DVBl 1995, 675 = NJW 1995, 1104; BGH, DNotZ 2006, 189 = MDR 2006, 531 = NotBZ 2006, 19 = NJW-RR 2006, 645.

22 A.A. MünchKomm/*Wolfsteiner*, ZPO, 3. Aufl. 2007, § 794 Rn. 198; vgl. auch *Grziwotz*, in: FS Thode (2005), S. 243, 251 f.

23 So BVerwGE 96, 326 = NJW 1995, 1104, 1106.

die Behörde bei der Unterwerfung des Bürgers unter die sofortige Vollstreckung von dem Behördenleiter, seinem allgemeinen Vertreter oder einem Angehörigen des öffentlichen Dienstes, der die Befähigung zum Richteramt hat oder die Voraussetzungen des § 110 S. 1 DRiG erfüllt, vertreten wird. Zusätzlich war zum Zeitpunkt der Entscheidung des Bundesverwaltungsgerichts noch die Genehmigung der Aufsichtsbehörde erforderlich. Beide Erfordernisse dienten nach der Rechtsprechung nicht nur dem Schutz der Behörde, sondern auch demjenigen des Bürgers. Die Mitwirkung eines rechtlich qualifizierten Amtsträgers soll gewährleisten, dass der Erklärende über die Rechtsfolgen seiner Erklärung hinreichend informiert wird. Die später abgeschaffte Genehmigung der Aufsichtsbehörde sollte nach der Gesetzesbegründung die Wirksamkeit der Unterwerfungserklärung von der Mitwirkung einer nicht am Vertragsschluss Beteiligten »neutralen« Stelle abhängig machen.[24] Vor diesem Hintergrund wird die richterliche Kontrolle der notariellen Zwangsvollstreckungsunterwerfung, wenn diese einseitig vom Gläubiger zu Lasten eines Verbrauchers eingesetzt werden kann, verständlich.[25] Wird die Schutzfunktion des Verfahrens besonders betont, wird dessen Beachtung, insbesondere des Übereilungsschutzes, besonders wichtig.[26]

3. Kosten des naturschutzrechtlichen Ausgleichs

Im Rahmen der Bauleitplanung ist, abgesehen von Bebauungsplänen der Innenentwicklung nach § 13a BauGB,[27] für Belange des Umweltschutzes eine Umweltprüfung durchzuführen, in der die voraussichtlichen erheblichen Umwelteinwirkungen ermittelt werden und in einem Umweltbericht (§ 2a BauGB) beschrieben und bewertet werden (§ 2 Abs. 4 BauGB). Das Ergebnis ist in der Abwägung zu berücksichtigen, wobei im Rahmen des gestaffelten Vorgehens ein zeitlich nachfolgendes Verfahren auf dem vorausgehenden aufbauen kann (§ 2 Abs. 4 S. 5 BauGB). Naturschutzrechtliche Eingriffe sind auszugleichen, d. h. ein gleichartiger Zustand ist zu schaffen (§ 19 Abs. 4 BNatSchG; § 1a Abs. 3 S. 2 BauGB). In der Abwägung sind auch die Erhaltungsziele und Schutzzwecke der Vogelschutzrichtlinie und der FFH-

24 BT-Drucks. 7/910, S. 83; BVerwGE 98, 58 = NJW 1996, 608; ausführlich *Kowalski*, NVwZ 1992, 351 ff; vgl. dazu nur BGHZ, 139, 387 = DNotZ 1999, 53 = BauR 1999, 53 = MDR 1999, 32 = MittBayNot 1999, 458 = MittRhNotK 1998, 373 = NJW 1999, 51 = NotBZ 1998, 234 = ZIP 1998, 2063, ZfIR 1998, 749; BGH, BauR 2002, 83 = DNotZ 2002, 878 = MDR 2002, 27 = NJW 2002, 138 = NotBZ 2002, 63 = ZIP 2001, 2288 = ZfIR 2001, 976; zur verneinten Kontrolle des Notars in Klauselverfahren s. BGH, BauR 2009, 1330 = DNotZ 2009, 935 = MDR 2009, 890 = NJW 2009, 1887 = ZfIR 2009, 431 = ZIP 2009, 855; vgl. aber auch BGH, Urt. v. 30. 3. 2010 – XI ZR 200/09 (n. v.).

25 Vgl. dazu *Kniffka*, ZfBR 1992, 195 ff.

26 S. dazu KG, DNotZ 2009, 47; *Grziwotz*, ZfIR 2009, 627 ff.

27 S. zu den diesbezüglichen Voraussetzungen nur *Bunzel*, LKV 2007, 444 ff.; *Mitschang*, ZfBR 2008, 227 ff.; *Schmidt-Eichstaedt*, BauR 2007, 1148 ff.; *Seidler*, NZBau 2008, 495 ff.; *Spannowsky*, NuR 2007, 521 ff.

Richtlinie zu berücksichtigen. Durch die Möglichkeit der zeitlichen Abkoppelung der Ausgleichsmaßnahmen von dem Eingriff (§ 135a Abs. 2 S. 2 BauGB) kann die Gemeinde Maßnahmen zum Ausgleich an anderer Stelle als dem Ort des Eingriffs durchführen und den Grundstücken, auf denen Eingriffe in Natur und Landschaft erwartet werden, zuordnen (§ 9 Abs. 1a BauGB).[28] Sie kann diese Maßnahmen selbst auf Kosten des Vorhabenträgers oder der Eigentümer der Grundstücke durchführen und auch die hierfür erforderlichen Flächen bereitstellen (§ 135a Abs. 2 S. 1 BauGB). Diese Maßnahmen können bereits vor den Baumaßnahmen und der Zuordnung im Bebauungsplan erfolgen (§ 135a Abs. 2 S. 2 BauGB). Die Gemeinden erhalten dadurch die Möglichkeit, im Vorgriff auf spätere Baugebietsfestsetzungen Maßnahmen zum Ausgleich durchzuführen und diese den neuen Baugebieten später zuzuordnen (sog. Öko-Konten). Hierzu müssen die betroffenen Flächen ökologisch aufgewertet werden.[29] Zu beachten ist, dass Flächen, die bereits für Maßnahmen zur Kompensation von Eingriffen in Anspruch genommen wurden, nicht mehr als Ausgleichsflächen herangezogen werden können.[30] Gleiches gilt für kurzzeitig in ihrem ökologischen Wert geminderte Flächen.

Die Gemeinde kann zur Refinanzierung Kostenerstattungsbescheide nach §§ 135a ff. BauGB erlassen, eine Ablösung vereinbaren[31] oder städtebauliche Verträge abschließen. Bescheidsmäßig kann die Gemeinde nur die Kosten für die Herstellung und Entwicklung der Ausgleichsmaßnahme geltend machen,[32] nicht jedoch die späteren Kosten für Unterhaltspflegemaßnahmen umlegen. Die bescheidsmäßige Abrechnung kommt zudem erst in Betracht, wenn die Grundstücke, auf denen Eingriffe zu erwarten sind, baulich oder gewerblich genutzt werden dürfen (§ 135a Abs. 3 S. 1 BauGB) und eine Kostenerstattungssatzung besteht (§ 135c BauGB).

Der Vertragsnaturschutz[33] kann in unterschiedlicher Weise vereinbart werden. Möglich ist ein umfassender Ausgleichsmaßnahmendurchführungsvertrag entsprechend dem Erschließungsvertrag, der die Durchführung bestimmter Ausgleichsmaßnahmen auf eigenen Flächen und auf eigene Kosten des Ausgleichsmaßnahmenträgers beinhaltet.[34] Der Vorhabenträger kann sich aber auch lediglich dazu verpflichten, der Gemeinde die für die Durchführung der Ausgleichsmaßnahmen erforderlichen Flächen zum Eigentum zu überlassen und die Kosten der Herstellung und Entwicklung der Ausgleichsmaßnahmen zu übernehmen. Schließlich kann die Kosten-

28 S. dazu nur *Busse*, BayVBl 1996, 481 ff.

29 Vgl. zum entsprechenden Leitfaden http://www.stmug.bayern.de/umwelt/naturschutz/doc/flyer_oe.pdf (11. 5. 2010); http://www.bay-gemeindetag.de/information/oekokonto.pdf (11. 5. 2010); zu seiner Anwendung BayVGH, BayVBl 2007, 17.

30 Zur Notwendigkeit eines Ausgleichs bei einem Eingriff in diese Flächen vgl. BVerwG, NVwZ 2006, 823; dazu, dass Ausgleichs- und Ersatzmaßnahmen ihrerseits Eingriffe in Natur und Landschaft darstellen können, s. BVerwG, KommJur 2009, 145 = NVwZ 2009, 521.

31 Vgl. hierzu *Dirnberger*, in: Jäde/Dirnberger/Weiß, BauGB, 6. Aufl. 2010, § 135c Rn. 6.

32 Vgl. hierzu auch *Krautzberger*, in: Battis/Krautzberger/Löhr, BauGB, 11. Aufl. 2009, § 135b Rn. 6 f.

33 Vgl. bereits BVerwG, BauR 1997, 799 = NVwZ 1997, 1216 = UPR 1997, 411.

34 S. zum Ganzen *Mitschang*, BauR 2003, 183 ff., 337 ff.

übernahme auch vertraglich vereinbart werden.[35] Im Hinblick auf die entsprechende bescheidsmäßige Abrechnungsbegrenzung ist umstritten, inwieweit die Pflegekosten vertraglich »auferlegt« werden können. Unter dem Gesichtspunkt der Angemessenheit könnte eine zeitliche Beschränkung erforderlich sein.[36] Andererseits kann bei im Eigentum des Vorhabenträgers verbleibenden Grundstücken eine zeitlich nur durch das Bestehen des Eingriffs begrenzte Unterhaltspflicht auch als angemessen angesehen werden. Eine höchstrichterliche Rechtsprechung liegt hierzu nicht vor.

Auch die Art der Sicherung ist noch nicht geklärt. In Betracht kommen Eigentum, Dienstbarkeiten und Reallasten.[37] Hierbei ist darauf zu achten, dass eine passende Sicherung gewählt wird. Die von den Behörden vorgelegten Vertragsmuster enthalten mitunter die Sicherung von Pflegemaßnahmen durch Dienstbarkeiten.[38] Inhalt der Dienstbarkeit kann nur die Duldungspflicht des Eigentümers sein, dass er gegebenenfalls entsprechende Maßnahmen der Naturschutzbehörde hinzunehmen hat, und bestimmte Eingriffe unterlassen muss. Eine Reallast zur Sicherung der Pflegeverpflichtung wird von den Naturschutzbehörden gewählt, da für ihre Erfüllung der Eigentümer auch persönlich haftet (§ 1108 BGB). Allerdings erlischt diese Haftung bei Aufgabe des Eigentums an dem belasteten Grundstück (§ 928 BGB).[39] Die von den Naturschutzbehörden geforderte Eintragung der Reallast am »Ausgleichsgrundstück« ist deshalb eigentlich »Unfug«. Richtiges Grundstück für die Reallast wäre das »Eingriffsgrundstück«.[40]

Beispiele für eine dingliche Sicherung:[41]
Nachstehend sind zwei Beispiele aufgeführt. Zunächst ist ein Beispiel für eine beschränkte persönliche Dienstbarkeit beschrieben.

Der Eigentümer verpflichtet sich zugunsten des Freistaates Bayern, vertreten durch das Landratsamt NN – untere Naturschutzbehörde –, alle Nutzungen, die dem auf dem Grundstück bezweckten Biotop- und Artenschutz (genau beschreiben) nicht dienlich sind oder die dem im Bescheid des Landratsamtes NN vom ... genannten Renaturierungsziel widersprechen, zu unterlassen. Hierzu gehören auch bauliche, landwirtschaftliche, forstwirtschaftliche und fischereiwirtschaftliche Nutzungen sowie die Anlage von Freizeiteinrichtungen.

Für den Fall der Nichterfüllung ist der Freistaat Bayern berechtigt, auf dem dienenden Grundstück alle Maßnahmen, insbesondere Gestaltungs-, Pflege-, Erhaltungsmaßnahmen durchzuführen bzw. durchführen zu lassen, welche zur Schaffung und Erhaltung der Ausgleichsmaßnahme entsprechend den Festsetzungen des Be-

35 Vgl. § 1a Abs. 3 S. 4, 1. Alt. BauGB.

36 So Busse, BayVBl 2003, 129, 131.

37 Vgl. *Busse/Dirnberger/Pröbstl/Schmid*, Die neue Umweltprüfung in der Bauleitplanung (2005), S. 291 ff.; *Mitschang*, BauR 2003, 183 ff., 337 ff.

38 Vgl. zur Unzulässigkeit *Schöner/Stöber*, Grundbuchrecht, 14. Aufl. 2008, Rn. 1133.

39 Zur Zulässigkeit vgl. NK-BGB/*Grziwotz*, 2. Aufl. 2008, § 928 Rn. 22.

40 Vgl. das Muster von *Grziwotz*, KommJur 2008, 288, 293.

41 Aus: Bayer. Staatsministerium für Landesentwicklung und Umweltfragen, Bauen im Einklang mit Natur und Landschaft, 2. Aufl. 2003, S. 40.

bauungsplans erforderlich oder zweckdienlich sind, und zu diesem Zweck das dienende Grundstück durch beauftragte Personen betreten und befahren zu lassen.

Das zweite Beispiel beschreibt eine geeignete Formulierung für eine Reallast:
Zur Sicherung der vorstehend (genau) beschriebenen Aufforstungsverpflichtung und der Verpflichtung, einen Laubholzanteil von x % zu erhalten bzw. zu pflegen, bestellt Herr X an seinem Grundstück eine Reallast zugunsten des Freistaates Bayern, vertreten durch Landratsamt NN – untere Naturschutzbehörde.

Zusätzlich empfiehlt sich folgende Regelung:
Der Freistaat Bayern übernimmt im Zusammenhang mit der beschränkten persönlichen Dienstbarkeit und der Reallast keinerlei Unterhaltungspflicht, Verkehrssicherungspflicht oder Kosten.

4. Folgekosten

Zu den Kosten, zu deren Übernahme sich der Private gegenüber der Gemeinde verpflichten kann, gehören insbesondere auch die Nachfolgelasten. Es handelt sich um Aufwendungen der Gemeinde für Infrastruktureinrichtungen, z.B. für Schulen, Kindergärten, Friedhöfe, Jugendheime, Sport- und Spielplätze etc., die der Gemeinde jenseits der beitragsfähigen Erschließungsanlagen, insbesondere als Folge von Neuansiedlungen für Anlagen und Einrichtungen des Gemeinbedarfs entstehen.[42] Es handelt sich um Aufwendungen, die »an sich« die Gemeinden aus ihren allgemeinen Haushaltsmitteln zu tragen haben. Diese vorgegebene Zuordnung der Kosten wird durch einen Vertrag modifiziert. Es handelt sich der Sache nach um eine Art Aufwendungsersatz. Der Gemeinde sollen die ihr entstehenden Aufwendungen erstattet werden. Sie darf sich somit keine Kosten erstatten lassen, die nicht aus Anlass des konkreten Vorhabens oder als dessen Folge anfallen.[43] Folgekosten können nur dann auf Private überwälzt werden, wenn die städtebauliche Maßnahme »Voraussetzung oder Folge« für das von dem Privaten geplante Bauvorhaben ist.[44] Diese Zuordnung kann bei zentralen Einrichtungen wie z.B. dem Friedhof, dem Rathaus und dem Bauhof Probleme bereiten.

Folgekosten kamen nach früherer Ansicht nur bei größeren Vorhaben und lediglich bei einem sprunghaften Bevölkerungsanstieg in Betracht.[45] Folgekostenverträge sind nunmehr auch mit einzelnen Grundstückseigentümern eines Plangebiets im Rahmen einer »Angebotsplanung« einer Gemeinde zulässig.[46] Sie dürfen jedoch weiterhin nur oder allenfalls das erfassen, was von einem bestimmten Bauvorhaben

42 BVerwGE 42, 93 = NJW 1973, 1895; BVerwGE 90, 310 = DVBl 1993, 263 = DÖV 1993, 163 = NJW 1993, 1810.
43 BayVGH, MittBayNot 2009, 406; BGH, NotBZ 2009, 487 = DNotZ 2010, 112 = IMR 2009, 438 = NVwZ 2010, 398.
44 OVG Lüneburg, BauR 2008, 57; BayVGH, BayVBl 2009, 722.
45 KG, NVwZ-RR 2000, 765; BayVGH, BayVBl 1980, 719; BayVGH, BayVBl 1980, 722.
46 VGH Mannheim, BauR 2005, 1595 = NVwZ-RR 2006, 90.

an Folgen ausgelöst wird.[47] Deshalb ist eine allgemeine Zuzugspauschale (»30 Euro pro Quadratmeter Wohnfläche für Folgelasten«) unzulässig.[48] Auch das Nachholen bereits verwirklichter Planungen[49] und die Schaffung eines »Folgelastenkontos« entsprechend dem Öko-Konto scheiden aus. Zudem muss die Gesamtkonzeption transparent, nachvollziehbar und kontrollierbar sein.[50] Die Zuordnung kann sich allerdings auf Erfahrungswerte stützen. Diese müssen jedoch konkret angegeben werden, um den Betroffenen eine Kontrolle zu ermöglichen. Der Private muss wissen, für welche Einrichtungen er Folgelasten erbringt. Unzulässig ist es deshalb insbesondere, wenn die Gemeinde unter Hinweis darauf, dass ihr erhebliche Folgelasten entstünden, mit dem Privaten eine Pauschale vereinbart und ihrerseits auf die konkrete Berechnung der (höheren) Nachfolgelasten verzichtet.[51] Die strikten Bindungen der Begründung von Zahlungspflichten an die gesetzlichen Vorgaben gelten nicht nur, wenn die Gemeinde selbst derartige Verträge abschließt, sondern auch wenn eine von kommunalen Körperschaften beherrschte juristische Person des Privatrechts sich entsprechende »Infrastrukturbeiträge« versprechen lässt.[52]

Eine wichtige Schranke für städtebauliche Verträge ist das so genannte Koppelungsverbot. Es besteht aus zwei Elementen: Zum einen darf durch einen Vertrag nichts miteinander verknüpft werden, was nicht ohnehin schon in einem inneren Zusammenhang steht. Zum anderen dürfen hoheitliche Entscheidungen ohne entsprechende gesetzliche Ermächtigung nicht von wirtschaftlichen Gegenleistungen abhängig gemacht werden. Eine gesetzliche Ausprägung dieses Grundsatzes ist § 11 Abs. 2 S. 2 BauGB, wonach die Vereinbarung einer vom Vertragspartner zu erbringenden Leistung unzulässig ist, wenn er auch ohne sie einen Anspruch auf die Gegenleistung hätte. Eine unzulässige Koppelung von Leistung und Gegenleistung wäre danach gegeben, wenn der Vertragspartner der Gemeinde im Zeitpunkt des Vertragsabschlusses bereits einen Anspruch auf eine Bebauung hat. Dies ist in der Praxis häufig, wenn sich Verhandlungen längere Zeit hinziehen und die Gemeinde das Bauleitplanverfahren fortführt. Der Abschluss eines Folgekostenvertrages ist ab Entstehen des Baurechts nicht mehr zulässig.

Zum Schutz des Bürgers muss die von ihm versprochene Leistung zusätzlich den gesamten Umständen nach angemessen sein (§ 11 Abs. 2 S. 1 BauGB). Die aus Anlass eines bestehenden Vorhabens vereinbarte Übernahme von Kosten muss deshalb bei wirtschaftlicher Betrachtung des Gesamtvorgangs in einem angemessenen Verhältnis zum Wert des Vorhabens stehen; auch sonst dürfen keine Anhaltspunkte dafür gegeben sein, dass die fragliche Übernahme von Kosten eine unzumutbare Belastung bedeutet. Entscheidend ist, dass der Schutz der Angemessenheit nicht nur

47 BVerwG, BauR 2005, 1600.

48 OVG Lüneburg, BauR 2008, 57.

49 BayVGH, MittBayNot 2009, 406 = BayVBl 2009, 722 = ZfIR 2009, 818; s. dazu BVerwG, ZfIR 2009, 817.

50 BVerwGE 133, 85 = BauR 2009, 1275 = DVBl 2009, 782 = KommJur 2009, 312 = NVwZ 2009, 1109 = ZfIR 2009, 464.

51 BayVGH, DVBl 2004, 975 = BayVBl 2004, 692 = NVwZ-RR 2005, 781 = ZfIR 2005, 205.

52 BGH, NotBZ 2009, 487 = DNotZ 2010, 112 = NVwZ 2010, 398.

den Vertragspartner der Gemeinde trifft, sondern auch denjenigen, an den später die Kosten weitergegeben werden (z.B. Mieter, Erbbauberechtigter oder Käufer von Wohnungen).[53] Maßgebend hinsichtlich der Angemessenheit ist nicht die subjektive Einschätzung der Vertragspartner, sondern eine aufgrund der Verhältnisse des Einzelfalls festzustellende objektive Ausgewogenheit. Die Frage der Angemessenheit ist für die Beteiligten nicht disponibel, weil sonst die Schutzwirkung dieser Voraussetzung verloren ginge. Kriterien für die Beurteilung der Angemessenheit sind die durch das geschaffene Baurecht bewirkte Werterhöhung der dem Bauwilligen gehörenden Grundstücke, der Gesamtumfang der von diesem getätigten Investitionen und der Gewinn des Privaten. Strittig ist, ob die Werterhöhung eine oberste Grenze darstellt.[54] Angstklauseln, in denen die Vertragspartner erklären, dass der Vertrag angemessen wäre, können deshalb eine gerichtliche Überprüfung nicht verhindern. Allerdings haben die Gerichte den Gestaltungsspielraum der Beteiligten zu respektieren.[55]

Das Gebot der Angemessenheit gilt nicht nur für die Leistung und Gegenleistung, sondern auch für die einzelnen Vertragsklauseln.[56] Der BGH hat die Anwendbarkeit des damaligen AGB-Rechts auf vor dem 31. 12. 1994 geschlossene städtebauliche Verträge noch verneint,[57] aber hinsichtlich der Rechtslage nach Inkrafttreten der Verbraucherschutzrichtlinie offen gelassen. Nach überwiegender Ansicht ist das AGB-Recht auch auf zivilrechtliche städtebauliche Verträge anwendbar.[58] Unabhängig von dieser Streitfrage folgt auch aus dem Grundsatz der Verhältnismäßigkeit das Gebot einer angemessenen Vertragsgestaltung.[59]

Unrechtmäßige Nachfolgelasten sind zu erstatten. Der »Bereicherungseinwand« bezüglich des erhaltenen Baurechts ist unzulässig.[60] Auch eine entsprechende Anwendung des § 814 BGB, nämlich des Ausschlusses der Rückforderung bei Kenntnis der Nichtschuld, und des § 817 BGB, nämlich des Ausschlusses der Rückforderung bei Kenntnis eines Gesetzesverstoßes durch den Leistenden, sind zum Schutz des Bürgers nicht möglich.[61] Ausnahmsweise kann dem Erstattungsanspruch jedoch der Grundsatz von Treu und Glauben entgegenstehen.[62]

53 Vgl. BVerwGE 89, 7, 12 = NJW 1992, 1642; s. aber BVerwGE 133, 85 = BauR 2005, 1275 = BayVBl 2010, 118 = DVBl 2009, 782 = NVwZ 2009, 1109 = ZfIR 2009, 404.

54 Vgl. *Gassner*, BayVBl 1998, 577, 581; *Huber*, DÖV 1999, 173, 183; *Oerder*, NVwZ 1997, 1190, 1192.

55 *Hien*, in: FS Schlichter (1995), S. 129, 133 ff.; *Grziwotz*, JuS 1998, 11, 14.

56 So wohl BVerwGE 74, 78, 83.

57 BGH, NVwZ 2003, 371.

58 OLG Celle, NJW-RR 2005, 1332; OLG Stuttgart, IBR 2006, 300; ausführlich *Grziwotz*, NVwZ 2002, 391 ff.

59 BGH, NVwZ 2010, 531, 533.

60 BVerwG, NVwZ 2003, 993; BVerwGE 133, 85 = BauR 2009, 1275 = DVBl 2009, 782 = KommJur 2009, 312 = NVwZ 2009, 1109 = ZfIR 2009, 464; VGH Mannheim, NVwZ 1991, 583; OVG Münster, NJW 1978, 1542.

61 Offen nunmehr BayVGH, MittBayNot 2009, 406, 408.

62 OVG Lüneburg, BauR 2008, 57.

Erstattungsansprüche aus fehlerhaften öffentlich-rechtlichen Verträgen unterlagen bis zur Schuldrechtsmodernisierung der dreißigjährigen Verjährung.[63] Nunmehr ist umstritten, welche Verjährungsfrist maßgeblich ist. Der BGH hat lediglich ausgesprochen, dass ein Bereicherungsanspruch auf Rückzahlung einer wegen Verstoßes gegen das Koppelungsverbot unzulässigen Zahlung auch dann nicht der Verjährung nach § 196 BGB unterliegt, wenn diese Zahlung als Aufwendungsersatz im Rahmen einer Vereinbarung zur Rückabwicklung eines beiderseitigen nicht vollzogenen Kaufvertrags über ein im Planungsgebiet liegendes Grundstück deklariert wird.[64] Maßgeblich sei die Regelverjährung. Das BVerwG[65] geht davon aus, dass die dreißigjährige Verjährungsfrist des § 195 BGB a. F. eine zutreffende Konkretisierung der Grundsätze von Rechtssicherheit und Rechtsfrieden in Abwägung gegen den Grundsatz der gesetzmäßigen Verwaltung darstellt, der einer Verjährung öffentlich-rechtlicher Ansprüche widerstreitet. Der BGH hat hierzu bisher nicht Stellung genommen. Die Ansicht, dass Erstattungsansprüche des Bürgers bei einem gegen das Koppelungsverbot verstoßenden öffentlich-rechtlichen Vertrag nunmehr innerhalb der kurzen Frist von drei Jahren verjähren, ist deshalb verfrüht.

5. Erschließungskosten und vertragliche Vereinbarungen

Der Grundsatz, dass der Abschluss städtebaulicher Verträge bei einem bestehenden Baurecht nicht mehr zulässig ist, erfährt eine wichtige Ausnahme: Ein Erschließungsvertrag (§ 124 BauGB) kann auch noch bei einem bestehenden Baurecht geschlossen werden. Hintergrund ist, dass nach § 123 Abs. 3 BauGB kein Rechtsanspruch auf Erschließung besteht. Auch ein Kontrahierungszwang hinsichtlich eines Erschließungsvertrages existiert nicht. Allerdings kann die Gemeinde, die einen qualifizierten Bebauungsplan (§ 30 Abs. 1 BauGB) erlassen hat, erschließungspflichtig werden, wenn sie das zumutbare Angebot eines Dritten ablehnt, die im Bebauungsplan vorgesehene Erschließung vorzunehmen (§ 124 Abs. 3 S. 2 BauGB). Umstritten ist, ob das Angebot bei einer Abtretung von Erschließungsflächen der notariellen Form bedarf.[66] Jedenfalls muss der Erschließungsträger seine persönliche, fachliche und finanzielle Zuverlässigkeit zur Durchführung der Erschließungsmaßnahmen nachweisen.[67]

Probleme beim Abschluss eines Erschließungsvertrages bereiten häufig Fremdanlieger, die nicht bereit sind, insbesondere bei einer Zweiterschließung oder fehlender Bauabsicht, Kosten zu übernehmen. Hierzu hat das BVerwG[68] die Möglich-

63 Vgl. BayVGH, BayVBl 2001, 54.

64 BGH, NJW 2010, 297 = ZfIR 2010, 75 = BauR 2010, 227.

65 BVerwG, BayVBl 2007, 219; BVerwGE 131, 153 = DVBl 2008, 1122; BVerwG, NVwZ 2009, 599; BVerwG, LKV 2009, 129, 131; BVerwG, BeckRS 2009, 31185.

66 S. dazu *Grziwotz*, in: Ernst/Zinkahn/Bielenberg/Krautzberger (Fn. 8), § 124 Rn. 88.

67 Zur Prüfungsbefugnis der Gemeinde BVerwG, NVwZ-RR 2002, 413 = BauR 2002, 1060 = DÖV 2002, 619 = ZfBR 2002, 503.

68 BVerwG, NVwZ 1996, 794 = MittBayNot 1996, 387.

keit eingeräumt, auch im Rahmen eines echten Erschließungsvertrages eine so genannte Fremdanliegerklausel aufzunehmen. Dabei ist darauf zu achten, dass nicht nur die anteiligen Kosten des Fremdanliegers, sondern die gesamten Kosten des Erschließungsunternehmers durch die Gemeinde erstattet werden. Aufgrund dieser Regelung kann die Gemeinde dem Fremdanlieger den diesbezüglichen Erschließungsbeitragsbescheid übersenden und dem Erschließungsunternehmer erstatten. Es dürfte jedoch auch zulässig sein, dass sich der Erschließungsunternehmer verpflichtet, den Anteil des Fremdanliegers zu übernehmen, wenn er mit diesem keine entsprechenden Vereinbarungen treffen kann. Die Zulässigkeit der Fremdanliegerklausel selbst ist im Hinblick auf die sog. Regimeentscheidung[69] nicht mehr ganz unstrittig.[70]

Heftig umstritten ist ferner, ob die Gemeinde mit einer gemeindlichen Eigengesellschaft einen Erschließungsvertrag vereinbaren kann. Hiergegen wurde eingewandt,[71] dass sich der Kontrolleur nicht selbst kontrollieren könne. Allerdings ist dieses Argument nicht zwingend, da auch bei einer bescheidsmäßigen Abrechnung keine Kontrolle der Gemeinde erfolgt. Die kommunale Eigen- oder Mehrheitsgesellschaft kann deshalb Dritter i.S.v. § 124 Abs. 1 BauGB und damit Vertragspartner eines Erschließungsvertrages sein.[72]

Ein weiteres Problem bei Abschluss eines Erschließungsvertrages ist, ob dieser dem Vergaberecht unterliegt. Bauunternehmer, die das gesamte Baugebiet erworben haben, die Erschließung auf eigene Kosten durchführen, um zu sparen und zudem möglichst rasch Grundstücke verkaufen zu können.[73] Hinsichtlich des Ausschreibungsrechtes sind die europäischen Schwellenwerte zu beachten.[74] Der entsprechende Schwellenwert für Bauaufträge (§ 93 Abs. 3 GWB) beträgt (ohne Mehrwertsteuer) 4.845.000 Euro. Zentrales Element des europäischen Vergaberechts ist der Rechtsschutz. Die Einhaltung der Bestimmungen des Vergaberechts kann bei Verfahren oberhalb der Schwellenwerte von Konkurrenzunternehmen in einem Nachprüfungsverfahren kontrolliert werden. Zuständig hierfür sind die Vergabekammern und die Vergabesenate bei den Oberlandesgerichten (§§ 107, 116 GWB). Um einen effektiven Rechtsschutz von Bietern zu gewährleisten, muss die Vergabestelle eine so genannte Stillhaltefrist von 15 Tagen zwischen Zuschlagserteilung und Vertragsunterzeichnung einhalten. Die Stillhaltefrist verkürzt sich auf zehn Kalendertage, wenn die Vorabinformation per Fax oder auf elektronischem

69 OVG Münster, DÖV 1999, 568 = NWVBl. 1999, 262 = BeckRS 1999, 20909.

70 *Driehaus*, in: Berl. Komm. z. BauGB, 3. Aufl. 2002 (Stand: April 2010), § 124 Rn. 5, 33.

71 Insb. *Driehaus*, BauR 1999, 862; *Birk*, BauR 1999, 205, 207; *Quaas*, BauR 1999, 1113, 1123; *Weber*, VBlBW 2001, 95.

72 So nunmehr VGH Mannheim, DVBl 2010, 185 (n. rkr.).

73 Zu den diesbezüglichen zivilrechtlichen Sicherungen vgl. BGHZ 175, 111 = DNotZ, 2008, 280 = BauR 2008, 825 = MDR 2008, 473 = NJW 2008, 1321 = MittBayNot 2008, 313 = ZfIR 2008, 247.

74 Verordnung (EG) Nr. 1177/2009, ABlEU v. 1. 12. 2009, L 314/64; vgl. auch http://eur-lex.europa.eu/LexUriServ/LexUriServ.do?uri=OJ:L:2009:314:0064:0065:DE:PDF (10. 5. 2010).

Weg versendet wird (§ 101a Abs. 1 S. 4 GWB). Ein Verstoß hiergegen führt nicht mehr zur Nichtigkeit des Vertrags,[75] sondern zu dessen schwebender Unwirksamkeit. Gleiches gilt bei einer De-facto-Vergabe (§ 101b GWB). Unwirksamkeit als Folge tritt nur ein, wenn ein übergangener Bieter ein Nachprüfungsverfahren innerhalb von 30 Kalendertagen ab Kenntnis des Verstoßes, jedoch nicht später als sechs Monate nach Vertragsschluss eingeleitet hat.[76] Erfolgte die Bekanntgabe der Auftragsvergabe zuvor im Amtsblatt der Europäischen Union, endet die Frist zur Geltendmachung der Unwirksamkeit bereits 30 Tage nach Veröffentlichung der Bekanntmachung durch den öffentlichen Auftraggeber. Wichtig ist, dass auch ein an der Auftragsvergabe nicht beteiligter Bieter einen Nachprüfungsantrag stellen kann.

Eine Ausschreibungspflicht entfällt bei so genannten In-House-Geschäften, also dann, wenn Vertragspartner eine gemeindliche Gesellschaft ist, über die die Gemeinde eine Kontrolle ausübt, die der einer eigenen Dienststelle entspricht, und die Gesellschaft im Wesentlichen für die Gemeinde tätig ist, die die Anteile allein hält. Die Minderheitsbeteiligung eines privaten Unternehmens schadet bereits.[77]

Das bei der Frage der Vergabe städtebaulicher Verträge diskutierte Beschaffungselement[78] (»Bauvorhabens oder ... Bauwerkes für den öffentlichen Auftraggeber ... oder einer dem Auftraggeber unmittelbar wirtschaftlich zugutekommenden Bauleistung«) spielt bei Erschließungsverträgen keine Rolle. Das nunmehr vom EuGH[79] geforderte unmittelbare wirtschaftliche Interesse des öffentlichen Auftraggebers liegt vor, wenn vorgesehen ist, dass der öffentliche Auftraggeber Eigentümer der Bauleistung wird. Demgegenüber ist die Frage der Entgeltlichkeit bei Erschließungsverträgen heftig umstritten.[80] Allerdings ist dieses Kriterium wirtschaftlich-funktional zu verstehen. Es beschränkt sich nicht auf Geldleistungen. Umfasst werden auch andere denkbare Gegenleistungen. Ausreichend ist deshalb eine »geldwerte« Beziehung zwischen Auftraggeber und Unternehmer. Erfasst wird auch der (nicht rechtstechnisch gemeinte) Verzicht (besser: die Nichterhebung) einer Gebühr.[81] Der EuGH hat im Rahmen des Großbauprojekts Scala 2001 (Teatro alla Bicocca) Erschließungsverträge trotz des öffentlich-rechtlichen Charakters dem Vergaberecht unterstellt. Der Umstand, dass die Gemeindeverwaltung ihren Vertragspartner nicht wählen kann, weil dieser nach dem anzuwendenden nationalen Recht der Eigentümer des zu bebauenden Grundstücks ist, könne die Nichtanwen-

75 So noch § 13 S. 6 VgV a. F.

76 Zum Verfahren s. *Kühnel*, NZBau 2009, 357 ff.

77 EuGH, NZBau 2005, 111 = DVBl 2005, 365 = EuZW 2005, 86.

78 Vgl. nunmehr § 99 Abs. 3 GWB.

79 EuGH, BeckRS 2010, 90386 = DNotI-Report 2010, 69 = NZBau 2010, 321 = EuZW 2010, 336 u. bereits die Schlussanträge des Generalanwalts Mengozzi, KommJur 2010, 28 ff., wonach das Vorliegen eines öffentlichen Bauauftrags eine unmittelbare Verbindung zwischen dem öffentlichen Auftraggeber und den zu realisierenden Arbeiten oder Werken voraussetzt; s. auch Gartz, NZBau 2010, 293, 294; Grziwotz, notar 2010, 307.

80 Vgl. nur *Antweiler*, NZBau 2003, 93 ff.; *Abt/Keeseberger*, KommJur 2007, 6 ff.; *Schmidt-Eichstaedt*, ZfBR 2007, 316, 317.

81 EuGH, NZBau 2001, 512 = EuZW 2001, 532 = ZfIR 2001, 636.

dung der Richtlinie nicht rechtfertigen, denn dies entzöge die Errichtung eines Bauwerks, auf die die Richtlinie andernfalls anwendbar wäre, dem gemeinschaftlichen Wettbewerb. Die Wirksamkeit der Richtlinie wäre allerdings gewahrt, wenn die Gemeinde den Erschließungsunternehmer zur europaweiten förmlichen Ausschreibung verpflichtet. Damit ist das Argument der »faktischen Alternativlosigkeit«, wonach wegen des Eigentums des Erschließungsunternehmers an den betroffenen Grundstücken oder wegen einer bereits erfolgten Beauftragung eines Unternehmens durch die »Fremdanlieger« eine Ausschreibung unterbleiben könne, überholt. Ein Erschließungsangebot des Unternehmers, dass die vergaberechtlichen Grundsätze nicht beachtet, ist auch kein zumutbares Angebot i.S.d. § 124 Abs. 3 S. 2 BauGB.[82]

Wichtig ist, dass auch unterhalb der Schwellenwerte die Grundsätze eines rechtmäßigen Vergabeverfahrens, zu denen insbesondere das Diskriminierungsverbot, das Dokumentationsgebot und die Vermeidung von Interessenkollision gehören, zu beachten sind. Ferner gilt auch unterhalb der Schwellenwerte das primäre Gemeinschaftsrecht, insbesondere die Grundregeln des EG-Vertrages im Allgemeinen und das Verbot der Diskriminierung im Besonderen. Diese Anforderungen schließen eine Verpflichtung zur Publizität und Transparenz mit ein. Europarechtliche Vorgaben betreffen Verfahren unterhalb der Schwellenwerte, die einen grenzüberschreitenden Bezug aufweisen.[83] Sie haben die Grundsätze der Gleichbehandlung, der Transparenz, der Verhältnismäßigkeit und der gegenseitigen Anerkennung zu beachten. Inwieweit ein Primärrechtsschutz unterhalb der Schwellenwerte besteht, ist umstritten. So begründen die Vorschriften des Vergabeverfahrens unterhalb der Schwellenwerte keine subjektiven Rechte. Der Anspruch auf Gleichbehandlung garantiert den Mitbewerbern jedoch den Anspruch auf ein faires Verfahren. Dieses betrifft sowohl die Ausgestaltung des Verfahrens als auch dessen Durchführung.

Höchst umstritten ist das Verhältnis der allgemeinen Kostenübernahmeregelung in § 11 Abs. 1 S. 2 Nr. 3 BauGB zum Erschließungsbeitragsrecht. Nach dem Wortlaut handelt es sich um eine umfassende Regelung der vertraglichen Übernahme von Kosten der Gemeinde bei städtebaulichen Maßnahmen. Die beitragsrechtlichen Verteilungsgrundsätze sind auch bei einer vertraglicher Regelung der Erschließungskosten zu beachten, so dass der vertraglichen Übernahme von »Erschließungsbeiträgen« keine Vorschriften entgegenstehen würden, wenn der Grundsatz der Abgabengerechtigkeit beachtet wird.[84]

82 Zu weiteren Vergabeentscheidungen des EuGH s. EuGH, NZBau 2007, 185 = DVBl 2007, 299 = EuZW 2007, 117 = KommJur 2007, 258 = NVwZ 2007, 316 (Stadt Roanne); EuGH, NZM 2009, 871 = KommJur 2010, 67 („Köln Messe").

83 BGH, NZBau 2008, 71 = EuZW 2008, 23; EuGH, NVwZ 2008, 766; zu Leitlinien für die faire Vergabe vgl. EuZW 2006, 579 (http://ec.europa.eu/internal_market/publicprocurement/key-docs_de.htm (10. 5. 2010).

84 So auch *Krautzberger*, in: Ernst/Zinkahn/Bielenberg/Krautzberger (Fn. 9), § 11 Rn. 160; *Döring*, NVwZ 1994, 853, 866; *Stüer*, DVBl 1995, 649, 655; a.A. *Driehaus* (Fn. 70), § 124 Rn. 3; in Bayern enthält Art. 5a Abs. 2 BayKAG eine ausdrückliche Regelung, die die vertragliche Übernahme erschließungsbeitragsfähiger Aufwendungen auch im Rahmen städtebaulicher Verträge gestattet; nach dieser Vorschrift gilt § 11 BauGB entsprechend:

6. Planungsgewinnabschöpfungsmodelle

Die Gemeinde darf im Rahmen städtebaulicher Verträge nicht das alleinige Ziel verfolgen, den Planungsgewinn abzuschöpfen.[85] Die Gemeinde darf die Ausübung ihrer Planungshoheit nicht an zusätzliche Abgaben des Bürgers knüpfen, sich insbesondere nicht für eine bestimmte Planung entsprechende Leistungen seitens des Bürgers versprechen lassen.[86] Allerdings ist dieser Grundsatz nicht mehr unbestritten. Im Rahmen von Einheimischenmodellen soll eine Verknüpfung zwischen Grundstückserwerb und Baulandausweisung unter bestimmten Voraussetzungen ausnahmsweise zulässig sein. Voraussetzung soll sein, dass die Gegenleistung des Bürgers für einen bestimmten Zweck im Vertrag vereinbart ist und dem Hoheitsträger als Vertragspartner zur Erfüllung der öffentlichen Aufgaben dient. Zusätzlich soll erforderlich sein, dass die Gegenleistung des Bürgers den Gesamtumständen nach angemessen ist. Ferner muss sie im sachlichen Zusammenhang mit der vertraglichen Leistung der Gemeinde stehen. Sind diese Voraussetzungen erfüllt, soll es zulässig sein, dass sich eine Gemeinde ins Planungsgebiet »einkauft«, ohne einen adäquaten Kaufpreis zu entrichten.[87]

Die Gerichte, insbesondere die Verwaltungsgerichte, haben überwiegend (Einbeziehungssatzung in G.,[88] Schloßkapelle in W.,[89] Sicherungshypothek[90]) derartige Gestaltungen für unwirksam gehalten. Demgegenüber wurden Einkaufsmodelle im Vorfeld einer Bauleitplanung akzeptiert, bei denen sich die Gemeinde zum bestehenden Verkehrswert in das Plangebiet »einkaufte« (Tannenwald-Fall[91]) gebilligt. Maßgeblich ist dabei der Verkehrswert zum Zeitpunkt des Wirksamwerdens des Kaufvertrages. Dies hat Bedeutung insbesondere für Angebotsmodelle, bei denen der Private der Gemeinde ein Angebot auf Erwerb von Grundstücksflächen zu einem günstigen Preis (»Ackerland«) macht, das aber erst angenommen wird, wenn Bauland ausgewiesen ist.[92] Diese Modelle funktionieren nur, wenn die Gemeinde das Angebot spätestens dann annimmt, wenn der vereinbarte Preis entsprechend der Wertsteigerung im Rahmen der Baulandausweisung im konkreten Fall erreicht ist. Die Gemeinde darf zwar aus städtebaulichen Gründen ihre Planungshoheit als

Bedeutung hat dies im Rahmen der Grunderwerbsteuer, vgl. BFH, DStRE 2010, 246 = NotBZ 2010, 146 = MittBayNot 2010, 335 mit Anm. Grziwotz; BFH, DB 2010, 376 = BFH/NV 2010, 544 = MittBayNot 2010, 339.

85 *Dirnberger*, BayGT 2008, 110 f.

86 *Busse*, DNotZ 1999, 402 f.

87 So *Huber/Wollenschläger*, Einheimischenmodelle (2008), Rn. 246 ff.

88 BVerwG, BauR 2000, 1699 = DNotZ 2000, 760 = DVBl 2000, 1853 = NVwZ 2000, 1285 = ZfIR 2000, 720.

89 BayVGH, BayVBl 2004, 692 = DVBl 2004, 975 = NVwZ-RR 2005, 781 = ZfIR 2005, 205.

90 BayVGH, MittBayNot 2009, 165.

91 BGH, BauR 1999, 235 = DNotZ 1999, 27 = NJW 1999, 208 = ZfIR 1998, 726; tlw. abw. OLG München v. 26. 4. 2006 – 3 U 1773/06 (n. v.), zitiert nach *Huber/Wollenschläger* (Fn. 87), Rn. 246 u. wohl auch OLG Frankfurt, DVBl 2008, 136 = BeckRS 2007, 18235; vgl. auch OLG München, IBR 2006, 231.

92 OLG München, MittBayNot 1999, 586 = MittRhNotK 2000, 250.

»Druckmittel« einsetzen und von einer Baulandausweisung absehen, wenn sie nicht eine bestimmte Eigentümerstruktur im Plangebiet erreicht. Sie darf jedoch nicht damit drohen, dass Grundstücke Ackerland blieben, wenn der Eigentümer nicht zur Abtretung entsprechender Flächen bereit wäre.[93]

In der freiwilligen Umlegung, die – anders als die amtliche Umlegung (§ 1 Abs. 1 Nr. 3 S. 2 lit. b) GrEStG) – nicht von der Grunderwerbsteuer befreit ist,[94] besteht Gebührenfreiheit beim Grundbuchamt (§ 79 BauGB). Zum Nachweis ist eine so genannte Zweckdienlichkeitsbescheinigung der Gemeinde erforderlich.[95] Im Rahmen einer Neuordnungsumlegung erhält die Gemeinde bei der Verteilung von Flächen bis zu 30 % der Einwurfsflächen; statt des Flächenbeitrags kann ganz oder teilweise ein entsprechender Geldbeitrag erhoben werden (§ 58 Abs. 1 S. 2 u. 3 BauGB). In der freiwilligen Umlegung ist eine höhere Landabgabe bzw. eine höhere Kostenbeteiligung für zulässig erachtet worden.[96] Allerdings gilt auch hierfür das Gebot der Angemessenheit.[97] Zu beachten ist, dass ein Rechtsmittelverzicht, wie er in derartigen Verträgen häufig im Hinblick auf den künftigen Bebauungsplan vereinbart wird, erst nach Entstehung des Rechtsmittels zulässig ist. Dem Bürger soll der garantierte Rechtsweg offen bleiben.

7. Abwägungsprobleme und vereinbartes Nachbarrecht

Mitunter sind Eigentümer von Grundstücksflächen zur Veräußerung an die Gemeinde nur bereit, wenn ein möglicherweise künftig störender Betrieb »gesichert« wird. Hierzu dienen Immissionsdienstbarkeiten, die dem Eigentümer der veräußerten Flächen die Verpflichtung zur Duldung der Einwirkungen zur »Auflage« machen.[98] Allerdings können sie Versäumnisse im Rahmen einer bauleitplanerischen Abwägung nicht korrigieren.[99] Private Vereinbarungen können jedoch öffentliche Belange mittelbar beeinflussen. Dies ist der Fall, wenn sie sicherstellen, dass aus tatsächlichen oder rechtlichen Gründen alle Interessenkonflikte ausgeschlossen werden. Sie müssen zu einer objektiven Konfliktlösung führen und nicht nur einen Verzicht auf Abwehransprüche enthalten. Denkt man den Verzicht auf Abwehransprüche weg, muss die Bauleitplanung dem Erfordernis einer gerechten Abwägung ent-

93 BVerwG, BauR 1996, 215 = DVBl 1996, 264 = NVwZ 1996, 888 = BayVBl 1996, 248; zu strafrechtlichen Folgen vgl. *Grziwotz*, BauR 2000, 1437 ff.; *ders.*, BauR 2001, 1530 ff.; *Burmeister*, BauR 2003, 1129 ff.

94 S. nur BFHE 148, 343 = BStBl. II 187, 135 u. BVerfG, HFR 1990, 580.

95 Vgl. das Muster von *Grziwotz*, in: Spannowsky/Uechtritz, BauGB (2009), § 79 Rn. 15.1.

96 BVerwG, NJW 1985, 989; BVerwG, ZfIR 2001, 927 = MittBayNot 2001, 584 = NVwZ 2002, 473 („Homo Steinheimensis").

97 Vgl. *Kuchler*, BayGT 2003, 260 ff.; *von und zu Franckenstein/Gräfenstein*, BauR 2008, 463 ff.

98 BayObLG, NJW-RR 2004, 1460 = ZfIR 2004, 776.

99 BVerwG, BauR 2002, 730 = NVwZ-RR 2002, 329 = BayVBl 2002, 374; BayVGH, BayVBl 1995, 150; VGH Mannheim, VBlBW 2002, 206; BayVGH, BayVBl 2003, 503.

sprechen. Beispiel ist der Abriss eines Wohnhauses bis zur Inbetriebnahme der angrenzenden emittierenden Anlagen und ein Bauverbot, das einen Wiederaufbau sichert. Weitere Beispiele sind der Einbau von Schallschutzfenstern, die Errichtung eines Lärmschutzwalls und die Duldung einer an der Grenze unzulässigen Bepflanzung. Das heißt, die privatrechtliche Vereinbarung muss zu einer öffentlich-rechtlichen Konfliktlösung führen.[100]

II. Bauplatzveräußerung mit Bindungen

1. »Planbindung«, Hinweispflichten und Nachfrage

Die so genannten Einheimischenmodelle haben auf die explodierenden Preise in landschaftlich reizvollen Gebieten und den Siedlungsdruck im Umfeld von Wirtschaftszentren reagiert.[101] Sie dienen der Deckung des Wohnbedarfs der ortsansässigen Bevölkerung und von Bevölkerungsgruppen mit besonderen Wohnraumversorgungsproblemen (§ 11 Abs. 1 S. 2 Nr. 2 BauGB). Der Katalog des § 9 BauGB lässt entsprechende Festsetzungen im »normalen« Bebauungsplan nicht zu. Allerdings gestattet § 9 BauGB, dass die Gemeinden derartige Zwecke im Rahmen städtebaulicher Verträge verfolgen.[102] Diese Vereinbarungen sind gleichsam planakzessorisch.

Bei den praktizierten Formen handelt es sich zunächst um Angebotsmodelle, insbesondere dem Weilheimer Modell, bei dem die Gemeinde die Kosten des Zwischenerwerbs spart und sich lediglich auf Eingriffe beschränkt.[103] Gegenwärtig stehen Zwischenerwerbsmodelle im Vordergrund, bei denen die Gemeinde die benötigten Grundstücke im Vorfeld einer Bauleitplanung erwirbt und dann nach Überplanung weiterveräußert. Der Vorteil dieses Modells ist es, dass die Gemeinde auch an Bodenwertsteigerungen teil hat. Umgekehrt trägt sie das Risiko des Fehlschlagens ihrer Bauleitplanung beispielsweise aufgrund von Bürgerbegehren.

Gemeinden sind, sofern sie Grundstücke im Rahmen eines geplanten Einheimischenmodells erwerben, nicht fiskalisch tätig, da sie eine öffentliche Aufgabe verfolgen. Gleichwohl wird man davon ausgehen müssen, dass sie unternehmerisch tätig sind. Dass sie (jedenfalls teilweise) mit den diesbezüglichen Grundstücksgeschäften nicht gewinnorientiert tätig werden, ändert daran nichts.[104] Die vierzehntägige Wartefrist des § 17 Abs. 2a S. 2 Nr. 2 BeurkG ist deshalb bei einer Verbraucherbeteiligung zu beachten. Es handelt sich bei dieser Wartefrist nach dem

100 Vgl. das Muster *Grziwotz*, KommJur 2008, 172, 175 f.; *Grziwotz*, in: Mitschang (Hrsg.), Aktuelle Fach- und Rechtsfragen des Lärmschutzes (2010), S. 155 ff.

101 S. nur *Bröll*, in: Glück (Hrsg.), Wege zum Bauland (1994), S. 98, 105 ff.

102 BVerwGE 92, 56 = DNotZ 1994, 69 = DÖV 1993, 622 = DVBl 1993, 654 = NJW 1993, 2695.

103 S. dazu erg. *Bröll* (Fn. 101), S. 98, 105 f.

104 S. nur BGHZ 155, 240, 246 = NJW 2003, 2742 u. BGH, NZG 2009, 237.

Willen des Gesetzgebers um eine Mindestfrist.[105] Auf sie kann der Verbraucher ebenso wenig verzichten, wie auf das Vorlesen der Urkunde und die Einhaltung der notariellen Form insgesamt verzichtet werden kann.[106] Die Rechtsprechung hat zudem nicht nur formelle Anforderungen, sondern auch zusätzliche inhaltliche Aufklärungspflichten an die Sonderstellung der Gemeinde als Planungshoheitsträger geknüpft. Diese muss aufgrund ihres Informationsvorsprungs den Vertragspartner über eigene Planungen unterrichten.[107] Hat die Gemeinde Kenntnis von Planungen anderer Hoheitsträger,[108] muss sie auch hierauf hinweisen. Sie muss ferner Auskünfte, die für den Betroffenen von wirtschaftlicher Bedeutung sind, richtig und vollständig erteilen.[109]

Die Gemeinde muss, wenn sie ein Einheimischenmodell beabsichtigt, zunächst prüfen, ob überhaupt eine Nachfrage für »Einheimischenbauplätze« besteht.[110] Dies ist in zahlreichen »Schrumpfungsgemeinden« in denen eine diesbezügliche Nachfrage durch vorhandene preisgünstige Grundstücke gedeckt werden kann, nicht mehr der Fall. Dies gilt selbst dann, wenn die betreffenden Gemeinden normalerweise durch den Fremdenverkehr geprägt sind; da auch bei diesen Gemeinden mitunter ein Überhang an Bauplätzen besteht. Ob allein der Umstand, dass eine Ausweisung eines neuen Baugebiets in »besonders reizvoller Lage« erfolgt, eine Einheimischenbindung rechtfertigen kann, ist höchst fraglich. Allerdings können sich die Gemeinden insoweit auf Prognosen verlassen. Ist für eine Stadtrandgemeinde beispielsweise für die nächsten Jahre ein Wachstum prognostiziert, wird ein Einheimischenmodell dadurch nicht rechtswidrig, wenn später eine Stagnation eintritt. Wird einem Eigentümer dagegen eine Einheimischenbindung auferlegt, obwohl keine diesbezügliche Nachfrage vorhanden ist, können sich hieraus für die Gemeinde Schadensersatzpflichten ergeben. Fällt die Nachfrage später weg, darf sich die Gemeinde auf die nun überflüssige Einheimischenbindung wohl nicht mehr berufen

2. Vergaberichtlinien

Die Bauplatzvergabe im Einheimischenmodell erfolgt nach bisher überwiegender Ansicht der Verwaltungsgerichte zweistufig: Auf der ersten Stufe werden die grundlegenden Entscheidungen durch Verwaltungsakt getroffen.[111] Zu ihnen gehört insbesondere die Auswahl aus mehreren Bewerbern. Die zweite Stufe, nämlich die

105 Vgl. nur BT-Drucks. 14/9266, S. 50 f.
106 S. nur KG, ZfIR 2009, 673; dazu *Grziwotz*, ZfIR 2009, 627 ff.
107 OLG Köln, EWiR 2002, 1075; bestätigt durch BGH, ZfIR 2003, 783; vgl. auch BGH, MittBayNot 2003, 404; BGH, ZfIR 2005, 588.
108 OLG Frankfurt/Main, NJW-RR 2002, 523.
109 BGH, MittBayNot 2003, 404 zur Bauqualität eines Grundstücks.
110 S. nur VGH Mannheim, BauR 2001, 612 = DÖV 2001, 343 = NVwZ 2001, 694.
111 VGH Mannheim, VBlBW 2000, 148; VG München, MittBayNot 1998, 123; OVG Münster, NJW 2001, 698.

Vertragsdurchführung, ist zivilrechtlich geregelt.[112] Die zivilrechtliche Rechtsprechung[113] steht dagegen auf dem Standpunkt, dass die verbilligte Grundstücksveräußerung und die Folgen von Verstößen zivilrechtlich geregelt wären.

Bei der Grundstücksvergabe ist darauf zu achten, dass durch Einheimischenmodelle kein vollständiger Ausschluss Ortsfremder von der Ansiedlung erfolgt (Art. 11 GG).[114] Zudem ist der Gleichheitssatz zu beachten.[115] Hat die Gemeinde einen Katalog von Vergabekriterien, so darf sie hiervon nicht willkürlich abweichen. Umgekehrt ist ein diesbezüglicher Kriterienkatalog nicht mehr maßgeblich, wenn die ständige Praxis bereits davon abgewichen ist. Die Vergaberichtlinien schließen zwar regelmäßig einen Anspruch auf Zuteilung eines Baugrundstücks oder eines Grundstücks im betreffenden Baugebiet aus. Gleichwohl kann sich die Gemeinde bei einer rechtswidrigen Entscheidung schadensersatzpflichtig machen. Darüber hinaus dürfte sich das Ermessen der Gemeinde hinsichtlich der Vergabe auf einen Rechtsanspruch reduzieren, wenn jede andere Entscheidung im Hinblick auf die Vergaberichtlinien der Gemeinde einen Ermessensfehlgebrauch darstellen würde.

Die Vergabekataloge haben nie allein auf die Ortsansässigkeit abgestellt. Vielmehr wurden stets auch im weitesten Sinne soziale Kriterien mitberücksichtigt. Hierzu gehören vor allem die Einkommensverhältnisse. Die Kriterien müssen die gesetzlichen Vorschriften beachten und widerspruchsfrei sein. Bei der Förderung von Ehepaaren ist darauf zu achten, dass eingetragene Lebenspartner nicht benachteiligt werden.[116] Bei der Kinderförderung lassen sich schwerlich Gründe dafür finden, warum bis zu drei Kindern eine Kaufpreisermäßigung eintritt, nicht mehr aber ab dem vierten Kind. Vorhandenes Immobilieneigentum kann eine Rolle spielen. Ob dies auch bei Immobilien im Eigentum der Eltern eines Bewerbers der Fall ist, ist fraglich.[117] Kriterienkataloge müssen zudem den Anforderungen des Europäischen Rechts standhalten. Hierzu gehört vor allem das Diskriminierungsverbot, das offene Diskriminierungen verbietet. Sie können auch nicht durch ein überwiegendes Gemeinschaftsinteresse gerechtfertigt werden. Deshalb darf in den Vergaberichtlinien hinsichtlich der EU-Bürger nicht an die Staatsangehörigkeit angeknüpft werden. EU-Recht verbietet aber auch versteckte bzw. mittelbare Diskriminierungen, die die Grundfreiheiten beeinträchtigen. Es handelt sich um Regelungen, die zwar unabhängig von der Staatsangehörigkeit gelten, aber im wesentlichen oder ganz überwiegend Angehörige aus anderen Staaten der EU betreffen. Hierunter fallen auch Bedingungen, die von Inländern leichter zu erfüllen sind oder sonstige Anforderungen be-

112 S. nur *Kössinger*, Die Vergabe gemeindlicher Baugrundstücke (1987), S. 106 ff.
113 BGH, MDR 2007, 145 = NVwZ 2007, 246 = ZfIR 2006, 682; *Grziwotz*, KommJur 2009, 736 ff.
114 BVerwGE 92, 56 = DNotZ 1994, 69 = DÖV 1993, 622 = DVBl 1993, 654 = NJW 1993, 2695.
115 BayVGH, BayVBl 2008, 86.
116 BVerfG, FamRZ 2009, 1977 = DVBl 2009, 1510.
117 VG München, BayVBl 1997, 533.

gründen, die sich insbesondere zum Nachteil von EU-Ausländern auswirken. Zu den Freiheiten im Rahmen der europäischen Union gehört auch die Niederlassungsfreiheit, die nicht nur natürliche Personen, sondern auch Personen- und Kapitalgesellschaften schützt.[118] Sie betrifft den Erwerbscharakter des Grenzübertritts. Gleiches gilt für die Arbeitnehmerfreizügigkeit (Art. 45 AEUV). Zu den hiermit verbundenen Vergünstigungen der EU-Bürger gehört auch das Recht auf Gleichbehandlung auf dem Wohnungsmarkt, unter den vor allem das Recht auf gleichberechtigten Erwerb von Immobilien zu rechnen ist.[119] Der freie Kapitalverkehr (Art. 63 AEUV) regelt die grenzüberschreitende Übertragung von Geld- und Sachkapital, und zwar auch zu Anlagezwecken. Wichtiges Beispiel sind vor allem Immobilieninvestitionen.[120] Zusammenfassend betrifft somit das Recht im Hoheitsgebiet eines anderen EU-Staats, Immobilien zu erwerben, zu nutzen und darüber zu verfügen, zum einen den Kapitalverkehr, zum anderen stellt es aber auch als eine notwendige Ergänzung der Niederlassungsfreiheit dar.[121] Die Bevorzugung Ortsansässiger ist insoweit allein zur Verfolgung eines im Gemeininteresse liegenden Ziels, insbesondere aus Gründen der öffentlichen Sicherheit und Ordnung, nicht jedoch aus wirtschaftlichen Gründen möglich. Die darauf gestützten Regeln müssen zudem verhältnismäßig, insbesondere aus zwingenden Erfordernissen des Allgemeininteresses auch notwendig sein. Zu ihnen gehören die Lauterkeit des Handelsverkehrs, der Umweltschutz und die Aufrechterhaltung der mitgliedschaftlichen Gesundheitssysteme sowie auch städtebauliche und raumordnerische Ziele. Auch sozialpolitische Belange können zu den Gemeinwohlerfordernissen gerechnet werden.[122] In die Prüfung der Verhältnismäßigkeit einer Beschränkung fließen die Grundrechte ein, wie sie als allgemeine Rechtsgrundsätze aus der EMRK und den verfassungsrechtlichen Überlieferungen der Mitgliedsstaaten entwickelt wurden und wie sie in der Grundrechtscharta 2000/2007 enthalten sind. Mitgliedschaftliche Regelungen, die gleichzeitig Grundfreiheiten und Grundrechte beschränken, stehen unter besonders hohem Rechtfertigungsdruck.[123] Das städtebauliche und raumordnerische Ziel, eine beständige Bevölkerung in ländlichen Gebieten zu erhalten und eine Nutzung der verfügbaren Flächen unter Bekämpfung des Drucks auf den Grundstücksmarkt zu fördern, kann Einschränkungen des freien Kapitalverkehrs rechtfertigen. Allerdings dürfte die Pflicht zur Begründung eines ständigen Wohnsitzes gegen Art. 63 AEUV verstoßen.[124] Die Europäische Kommission hat gegen die Bundesrepublik Deutschland wegen des Einheimischenmodells der Gemeinde Selfkant ein Vertragsverletzungsverfahren (Verfahren Nr. 2006/4271) eingeleitet, das aufgrund der Antwort der Bundesregie-

118 S. nur *Herdegen*, Europarecht, 12. Aufl. 2010, § 16 Rn. 22 ff.; vgl. auch EuGH, EuZW 2009, 298 („Hartlauer").
119 EuGH Slg. 1989 I, 1461.
120 S. nur *Glaesner*, in: Schwarze, EU-Kommentar, 2. Aufl. 2009, Art. 56 Rn. 17.
121 S. nur EuGH, EuZW 2007, 215, 216 = NJW 2007, 1442; zur Niederlassungsfreiheit s. auch EuGH, EuZW 2009, 298 = JuS 2010, 272.
122 EuGH, EuZW 2008, 246.
123 Vgl. *Ruffert*, JuS 2009, 97, 102.
124 Vgl. EuGH, EuZW 2007, 215 = NJW 2007, 1442.

rung zunächst nicht mehr weiterverfolgt wurde.[125] Nunmehr hat die EU-Kommission im Schreiben vom 8. 10. 2009 erneut Zweifel an der Vereinbarkeit der Einheimischenmodelle von vier bayerischen Gemeinden (u. a. Weilheim) mit dem EU-Recht geäußert. Deutschland wird ein neues Vertragsverletzungsverfahren angedroht. Hintergrund sind die »Diskriminierung aufgrund der Staatsangehörigkeit« und »Beschränkungen der freien Niederlassung von Staatsangehörigen eines Mitgliedsstaats« in Bayern.[126]

3. Bindungen

Typisch für Einheimischenmodelle ist neben der Planakzessorietät der Förderungszweck, der sich regelmäßig in einer gegenüber dem Preis für den normalen Grundstücksverkehr verbilligten Veräußerung ergibt. Aus haushaltsrechtlichen Gründen, die eine Veräußerung von Gemeindevermögen unter dem Verkehrswert nur zur Sicherung eines öffentlichen Zwecks zulassen,[127] aber auch aufgrund des Gebots der Gleichbehandlung abgelehnter Mitkonkurrenten hat die Gemeinde die Zweckbindung sicherzustellen.[128] Dies erfolgt regelmäßig durch Baugebote, Nutzungsverpflichtungen und Rückzahlungspflichten im Fall eines Verstoßes. Derartige Verpflichtungen dürfen nichts Unmögliches verlangen und müssen dem Erwerber hinreichend transparent machen, was von ihm gefordert wird. Sie müssen zudem angemessen sein. Hinsichtlich der Baupflicht sollte nicht offen bleiben, welches Bauvorhaben zu errichten ist.[129] Dies kann durch die Festlegung von Mindestbedingungen (z.B. Einfamilienhaus) erfolgen. Auch eine Bezugnahme auf den Bebauungsplan oder eine davon abweichend erteilte eventuelle Baugenehmigung ist möglich. Die Gemeinde kann gegenüber den Festsetzungen des Bebauungsplans strengere Standards festlegen, z.B. hinsichtlich der Dachneigung, des Verbots von Dachgauben, der Beseitigung von Oberflächenwasser etc.[130] Auch insoweit muss dem Erwerber jedoch deutlich werden, welche Verpflichtungen er zu erfüllen hat. Deshalb ist zu regeln, in welcher Frist der Erwerber die Baupflicht bis zu einem bestimmten Stand zu erfüllen hat. Diese sollte zur Realisierung des Bauvorhabens mindestens zwei Jahre betragen, die dem Erwerber voll zur Verfügung stehen müssen. Kürzere Fristen sind regelmäßig nicht angemessen. Häufiger Fehler ist, dass eine Frist ab Beurkundung vereinbart wird, obwohl zu diesem Zeitpunkt noch kein Baurecht besteht. Die Gemeinde kann auch gestaffelte Fristen vorsehen wie z.B. für die Einreichung der Bauunterlagen, den Beginn der Bauausführung, die Rohbaufer-

125 S. dazu *Bröll*, BayGT 2008, 439 f.
126 S. dazu *Wiethe*, BayGT 2009, 377; *Bröll*, BayGT 2010, 101 ff.
127 Vgl. Art. 75 Abs. 1 S. 2 und Abs. 3 BayGO.
128 Vgl. BayVGH, NVwZ 1999, 1008.
129 Zu einer diesbezüglichen Auslegung vgl. OLG Frankfurt/Main, DNotI-Report 1999, 13.
130 BGH, NJW 1984, 924 = MDR 1984, 217 = DNotZ 1985, 34; zur (verneinten) dinglichen Wirkung s. BVerwG, DVBl 2010, 199.

tigstellung etc. Sie kann wie z.B. bei Bauträgermodellen ihre Sicherung bis zur Errichtung eines bestimmten Bautenstandes (z.B. Rohbaufertigstellung) beschränken.

Neben den Baupflichten spielen auch Nutzungsbindungen eine Rolle. Sie sollen verhindern, dass der Erwerber nach Fertigstellung des Bauvorhabens dieses sofort mit Gewinn weiterveräußert. Außerdem soll die angestrebte Nutzungsstruktur im Baugebiet auf diese Weise zumindest für einen bestimmten Zeitraum erhalten bleiben. Die Dauer dieser Nutzungsbindung kann nicht starr angegeben werden. Letztlich kommt es auf den Umfang der Subvention und die für das Einheimischenmodell sprechenden städtebaulichen Gründe an.[131] Die Rechtsprechung hat teilweise Bindungsfristen von zwanzig Jahren bei einer Kaufpreisermäßigung von 50 % noch akzeptiert.[132] Geht man von der Bebauungsplanungsakzessorietät aus, so dürfte der früheren Fünfzehnjahresfrist des § 5 Abs. 1 S. 3 BauGB a. F. eine gewisse Leitbildfunktion zukommen. Fristen über dreißig Jahre sind dagegen unabhängig von der Höhe der Subvention in jedem Fall unwirksam.[133] Dies gilt auch dann, wenn Einheimischenmodelle im Wege des Erbbaurechts vergeben werden und mit einer entsprechenden zivilrechtlichen Zweckbindung versehen sind, da diese an der öffentlich-rechtlichen Unangemessenheit nichts ändert. Eine zivilrechtliche Sicherung der Subvention hat nämlich die öffentlich-rechtlichen Anforderungen zu beachten.

Als Reaktionen auf Verstöße werden üblicherweise das Wiederkaufsrecht (Rückforderung) und Aufzahlungspflichten (Kaufpreisnachzahlung) vereinbart. Es handelt sich bei den Letztgenannten regelmäßig nicht um eine Vertragsstrafe.[134] Der BGH geht nunmehr von einer Staffelung dieser Reaktionsmöglichkeiten insofern aus, als Rückkaufsrechte nur im Falle eines Verstoßes gegen die Baupflicht bei einem unbebauten Grundstück in Betracht kommen sollen.[135] Unklar ist, wann insoweit von einer Bebauung zu sprechen ist. Dies dürfte spätestens beim Rohbau zu bejahen sein. Ob bereits die Kellerdecke ausreicht, ist fraglich. Entscheidend dürfte darauf abzustellen sein, ob eine Werterhöhung des Grundstücks bereits eingetreten ist. Ab diesem Zeitpunkt wird die Gemeinde kein Interesse mehr an einem Rück- und einem daran anknüpfenden Weiterverkauf haben. Umgekehrt sollte klargestellt werden, dass nicht die vertragsuntreue Partei darüber entscheiden kann, ob eine Rückgabe oder eine Nachzahlung geschuldet ist, sondern die Gemeinde. Andernfalls würde der Gemeinde das Marktrisiko im Falle einer Vertragsverletzung des Privaten auferlegt.[136]

131 So nunmehr auch BGH, Urt. v. 16.4.2010 – V ZR 175/09 (n. v.).

132 BGH, Urt. v. 16. 4. 2010 – V ZR 175/09 (n. v.); OLG München, DNotZ 1998, 910; a.A. OLG Frankfurt/Main, KommJur 2009, 386 = MittBayNot 2010, 236 m. abl. Anm. *Dirnberger*.

133 BGH, NJW-RR 2006, 1452 = DNotZ 2006, 910 = ZfIR 2007, 32.

134 BGH, NJW-RR 2007, 962 = DNotZ 2007, 513 = MittBayNot 2007, 306 = NZM 2007, 656.

135 BGH, NJW-RR 2007, 962 = DNotZ 2007, 513 = MittBayNot 2007, 306 = NZM 2007, 656.

136 So noch OLG Rostock, ZfIR 2009, 875; a.A. BGH, NJW-RR 2007, 962 = DNotZ 2007, 513 = MittBayNot 2007, 306 = NZM 2007, 656; OLG Karlsruhe, NVwZ-RR 2006, 529 = DNotZ 2006, 511 = ZfIR 2006, 644; nunmehr BGH, NVwZ 2010, 531, der die Entscheidung des OLG Rostock aufgegeben hat.

Die Aufzahlung muss im Falle eines vorzeitigen Weiterverkaufs nicht eine bereits abgelaufene Nutzungsdauer berücksichtigen. Ebenso müssen dem Erwerber Bodenwerterhöhungen nicht verbleiben.[137] Die Gemeinde ist grundsätzlich berechtigt, vom veräußernden Vertragspartner den Mehrerlös zurückzufordern, der sich beim Verstoß gegen die Nutzungspflicht ergibt. Er kann entweder aus der Differenz zwischen dem An- und dem späteren Verkaufspreis oder aus dem dem Käufer im Zeitpunkt des Ankaufs gewährten Preisnachlass, also der Differenz zwischen Verkehrswert und Ankaufspreis, errechnet werden.[138] Unzulässig sind demgegenüber Gestaltungen, bei denen sich die Gemeinde einen Mehrerlös versprechen lässt, der zuzüglich des bereits entrichteten Kaufpreises zu einer Zahlungsverpflichtung des Erwerbers führt, die oberhalb des Verkehrswerts sowohl zum Zeitpunkt des Ankaufs als auch des Verkaufs liegt.[139] Dies kann auch dadurch eintreten, dass beispielsweise Erschließungskosten doppelt bezahlt werden müssen. Ob beim Weiterverkauf an einen Einheimischen, der mit Zustimmung der Gemeinde die Bedingungen für die Restlaufzeit übernimmt, wegen der weiterhin erfolgten Zweckerreichung von einer Abführung der Aufzahlung abgesehen werden muss, ist eine Frage des Einzelfalls.[140] Jedenfalls ist die Gemeinde nicht verpflichtet, zu einem bereits ohne ihre Zustimmung erfolgten Weiterverkauf nachträglich ihre Genehmigung zu erteilen und von einer Erlösabführung abzusehen. Die Gemeinde ist grundsätzlich auch berechtigt, bei einer zeitweisen Erfüllung der Nutzungsbindung die gesamte Differenz zu fordern, ohne bereits verstrichene Zeiträume anteilig berücksichtigen zu müssen. Allerdings kann dies im Rahmen der Vertragsgestaltung anders vereinbart werden. Zudem können sich bei Ausübung der vertraglich vereinbarten Rechte aufgrund des Gebots der Verhältnismäßigkeit Einschränkungen ergeben. Die Gemeinde muss nämlich dabei alle Umstände des Einzelfalls berücksichtigen, insbesondere die Eigentumsverhältnisse der »einheimischen Eigentümer«, die Dauer ihrer Selbstnutzung, den Grund für deren Aufgabe und die aus einer Fremdvermietung gezogenen Nutzungen.

Eine zur Sicherung des Rückerwerbsrechts der Gemeinde eingetragene Vormerkung wurde von Zivilgerichten teilweise wegen ihrer faktischen Sperrwirkung als unangemessen angesehen.[141] Allerdings ist diese Sperrwirkung Sinn der Sicherung des Rechts der Gemeinde. Eine Unangemessenheit kann sich deshalb nicht aus dem beabsichtigten Zweck der Vormerkung ergeben, sondern wenn sie auch nach der Erfüllung der Baupflicht das Grundbuch noch sperrt.[142] In der Bauphase können sich Probleme hinsichtlich des Rangs von Finanzierungsgrundpfandrechten ergeben. So ist es regelmäßig unangemessen, wenn sich die Gemeinde weigert, einen Rangrück-

137 BGH, NJW-RR 2007, 962 = DNotZ 2007, 513 = MittBayNot 2007, 306 = NZM 2007, 656.

138 Vgl. OLG Celle, KommJur 2009, 112 = RNotZ 2008, 541.

139 BGH, Urt. v. 16. 4. 2010 – V ZR 175/09 (n. v.); so bereits auch OLG Celle, NJW-RR 2005, 1332 = RNotZ 2005, 433 = ZfIR 2006, 588.

140 BGH, Urt. v. 16. 4. 2010 – V ZR 175/09 (n. v.).

141 So insb. OLG Hamm, NJW 1996, 2104 = MittBayNot 1996, 201.

142 Zur Gestaltung der Vormerkung und späteren Kaufpreisaufzahlungshypothek vgl. *Grziwotz*, KommJur 2007, 295 ff.

tritt der Vormerkung hinter Grundschulden, die der Finanzierung des Bauvorhabens dienen, zu erklären. Sie kann allerdings den Rangrücktritt von einer Sicherung der zweckentsprechenden Mittelverwendung abhängig machen.[143] Noch widersprüchlicher dürfte es sein, wenn die Gemeinde eine Baupflicht begründet, aber gleichzeitig im Rahmen der Sachmängelhaftung einen Verkauf des Grundstücks »wie es steht und liegt« unter Ausschluss der Haftung für die Bebaubarkeit vornimmt. Deshalb sollte eine angemessene Risikoverteilung im Rahmen der Beschaffenheitsvereinbarung vorgesehen werden. Zudem hat der frühere Gewährleistungsanspruch die Gemeinde nicht davor geschützt bei einer fehlerhaften Bauleitplanung Amtshaftungsansprüchen ausgesetzt zu sein.[144] Angstklauseln, wonach die Gemeinde bei der Entscheidung über die Ausübung ihrer Rechte das Gebot der Angemessenheit und Treu und Glauben zu beachten hat, müssen in den Vertrag nicht aufgenommen werden.[145]

4. Gewerbeansiedlungsverträge

Ob Einheimischenmodelle im Rahmen der Gewerbeförderung zulässig sind, ist höchst umstritten. Es bestehen bereits Bedenken, ob Gemeinden eine kommunale Wirtschaftsförderung betreiben dürfen.[146] Eine verbilligte Grundabgabe muss zudem die europarechtlichen Beihilfebeschränkungen beachten.[147] Eine Beihilfe ist auch der im Rahmen einer kommunalen Grundstücksveräußerung erfolgte Kauf unter dem Marktpreis. Ferner gehört hierzu die Übernahme der Kosten von Infrastruktur- und Erschließungsmaßnahmen, die aufgrund des nationalen Rechts der Grundstückseigentümer tragen müsste. Verfahrensmäßig verpflichtet Art. 108 Abs. 3 AEUV die Mitgliedsstaaten, die Kommission von jeder beabsichtigten Einführung oder Umgestaltung von Beihilfen so rechtzeitig zu unterrichten, dass sie sich hierzu äußern kann, sofern die Beihilfe nicht ausnahmsweise von dieser Notifizierungspflicht freigestellt ist.[148] Für notifizierungspflichtige Beihilfen besteht ein Durchführungsverbot (sog. Stand-Still-Pflicht), bis eine positive Entscheidung der Kommission ergangen ist. Aufgrund des Zwecks dieser Vorschrift handelt es sich um ein Verbotsgesetz i.S.v. § 134 BGB. Ein Verstoß führt zur Nichtigkeit des

143 Vgl. OLG München, MittBayNot 1994, 541; ausführlich *Reithmann*, ZNotP 2004, 2 ff.

144 Vgl. BGHZ 108, 224 = NJW 1990, 381; BGHZ 109, 380 = NJW 1990, 1038; BGHZ 113, 367 = NJW 1991, 2701; BGHZ 121, 65 = NJW 1993, 933.

145 So aber OLG Frankfurt/Main, KommJur 2009, 386 = MittBayNot 2010, 236 m. abl. Anm. *Dirnberger*; s. dazu *Hertel*, in: Bayer. Notarverein e. V. (Hrsg.), Aktuelle Probleme der notariellen Vertragsgestaltung im Immobilienrecht (2000), S. 179 ff.; *Grziwotz*, KommJur 2009, 376 ff.

146 BayVGH, DNotZ 1999, 639 = BayVBl 1999, 399 = MittBayNot 1999, 404 = NVwZ 1999, 1008 = ZfIR 1999, 302.

147 Vgl. hierzu *Schwarze*, DVBl 2009, 1401 ff.

148 So insb. die sog. de-minimis-Beihilfen (Verordnung v. 15. 12. 2006, ABl. 379/5: 200.000 Euro in drei Steuerjahren).

diesbezüglichen Vertrags.[149] Als Ausweg bleibt die Möglichkeit, den Verkehrswert durch ein Gutachten eines unabhängigen Dritten feststellen zu lassen. Der Nachweis der Veräußerung zum vollen Wert, der eine Beihilfe ausschließt, kann auch dadurch geführt werden, dass die Preisfindung Ergebnis eines zuvor durchgeführten transparenten und diskriminierungsfreien Bietwettbewerbs ist.[150]

Aber nicht nur aus dem europäischen Recht, auch aus dem kommunalen Haushaltsrecht ergibt sich die Verpflichtung, Grundstücke grundsätzlich nur zum vollen Wert zu veräußern. Eine Ausnahme gilt nur bei der Verfolgung öffentlicher Aufgaben (Art. 75 BayGO).[151] Der Verkauf eines Grundstücks »inklusive Erschließungskosten«, bei dem der Verkehrswert unterschritten wird, kann deshalb zur Nichtigkeit des Vertrags führen.[152] Die privatrechtliche Erschließungskostenregelung des § 436 Abs. 1 BGB kann nicht von den zwingenden Vorschriften des Abgaben- und Kommunalrechts befreien. Das kommunalrechtliche Verbot der Unterwertveräußerung dient nicht allein dem Schutz der Gemeinde, die hierauf auch nicht einseitig verzichten kann.

149 BGH, ZfIR 2004, 73 = EuZW 2003, 444; BGH, EuZW 2004, 252; vgl. dazu auch *Schmidt-Räntsch*, NJW 2005, 106 ff.

150 S. dazu die Mitteilung der Kommission betreffend Elemente staatlicher Beihilfen bei Verkäufen von Bauten und Grundstücken durch die öffentliche Hand v. 10. 7. 1997, ABl. 1997, C 209/3; s. dazu auch *Lübbig/Martin-Ehlers*, Beihilfenrecht der EU, 2. Aufl. 2009, Rn. 292 ff.

151 Vgl. zur entsprechenden Versicherung der Gemeinde und zur Gestaltung des Kaufs *Grziwotz*, KommJur 2010 (erscheint demnächst).

152 BayVerfGH, BayVBl 2008, 237 = MittBayNot 2008, 412; vgl. auch BayObLG, BayVBl 1995, 667; BayVBl 2001, 539; s. ferner BGH, KommJur 2006, 423 = MittBayNot 2006, 494 = ZfIR 2006, 336 = NZBau 2006, 590 = NVwZ-RR 2007, 47 = NZM 2006, 707 = MDR 2006, 790 zur Sittenwidrigkeit eines Immobilien-Leasingvertrages wegen Verletzung des Grundsatzes der Sparsamkeit und Wirtschaftlichkeit kommunaler Haushaltsführung.

Die GbR im Grundstücksrecht nach dem ERVGBG*[1]

Konrad Lautner, Notar in München

Bei den mannigfachen Problemen des Umgangs mit der seit der »Jahrhundertentscheidung« des BGH vom 29. 1. 2001[2] als rechtsfähig anerkannten Außengesellschaft bürgerlichen Rechts im Grundstücksverkehr dürfte es sich um das wohl am intensivsten diskutierte Thema des Grundstücksrechts der letzten Jahre handeln. Der Gesetzgeber hat darauf nach vielfachen Hilferufen aus Rechtsprechung, Literatur und Praxis mit der Einführung neuer materiell- und verfahrensrechtlicher Vorschriften zur Regelung der Rechtsverhältnisse der GbR im Grundstücksrecht durch das ERVGBG reagiert. Im folgenden Beitrag soll die Rechtslage seit Inkrafttreten der gesetzlichen Neuregelung dargestellt werden.

I. Die Rechtslage bis zum Inkrafttreten der Neuregelung

Um die gesetzlichen Neuregelungen zur Behandlung der GbR im Grundstücksrecht durch das ERVGBG richtig einzuordnen, sollte man sich zunächst noch einmal kurz über den bis zum 17. 08. 2009 geltenden, aufgrund der vielen, oft divergierenden Gerichtsentscheidungen und der kaum noch überschaubaren Flut literarischer Beiträge zur Thematik unübersichtlich gewordenen Rechtsstand klar werden, jedenfalls wie er sich zuletzt aus der Rechtsprechung des BGH ergab:

- Außengesellschaften bürgerlichen Rechts sind rechtsfähig, können also selbst Träger von Rechten und Pflichten sein, soweit dem nicht spezielle rechtliche Gesichtspunkte entgegenstehen.[3] Insbesondere können sie auch selbst Eigentum an Grundstücken oder beschränkt-dingliche Rechte an Grundstücken erwerben.[4] Gesellschaften, die nach herkömmlicher Auffassung unter Benennung ihrer Gesellschafter mit einem das Gesellschaftsverhältnis bezeichnenden Zusatz nach

* Der Vortrag enthält u.a. Ausführungen, die auch Gegenstand von Lautner DNotZ 2009, 650, sowie ders., MittBayNot 2010, 286 waren.

1 „Gesetz zur Einführung des elektronischen Rechtsverkehrs und der elektronischen Akte im Grundbuchverfahren sowie zur Änderung weiterer grundbuch-, register- und kostenrechtlicher Vorschriften" v. 11. 8. 2009, BGBl. I S. 2713; die hier maßgeblichen Bestimmungen des Gesetzes sind in Kraft getreten am 18. 8. 2009.

2 Urt. v. 29. 1. 2001 – II ZR 331/00, BGHZ 146, 341 = DNotZ 2001, 234 mit Anm. *Schemmann*.

3 BGHZ 146, 341.

4 BGH Beschl. v. 4. 12. 2008 – V ZB 74/08, BGHZ 179, 102 = DNotZ 2009,115 mit Anm. *Hertel*; Urt. v. 25. 1. 2008 – V ZR 63/07, NJW 2008, 1378; Urt. v. 25. 9. 2006 – II ZR 218/05, NJW 2006, 3716 = DNotZ 2007, 118 mit Anm. *Volmer*.

§ 47 GBO a.F. in das Grundbuch eingetragen wurden, sind selbst Rechtsinhaber (geworden).[5] Verfügt eine zu irgendeinem Zeitpunkt eingetragene GbR über ihren Grundbesitz oder ihr beschränkt-dingliches Recht, kommt es daher auf die Verfügungsberechtigung der GbR selbst, nicht der Gesellschafter an. Auf der Gesellschafterebene ist nur die Vertretungsbefugnis der für die GbR handelnden Personen von Bedeutung.

- Eine GbR sollte zuletzt als Berechtigte nur noch mit Namen und Sitz, gegebenenfalls unter Benennung der vertretungsberechtigten Gesellschafter, in das Grundbuch eingetragen werden; nur bei Fehlen eines Namens sollte sie unter Angabe ihrer Gesellschafter im Grundbuch bezeichnet werden.[6]
- Weder die Eintragung der Gesellschafter bei Alteintragungen noch bei Neueintragungen im Fall des Fehlens eines Gesellschaftsnamens noch die Eintragung vertretungsberechtigter Gesellschafter bei Neueintragungen namenstragender GbR gehörte zumindest nach dem BGH[7] noch zum Inhalt des Grundbuchs, sondern diente lediglich als Identifizierungsbehelf für die GbR. Änderungen im Gesellschafterbestand führten daher nicht zur Grundbuchunrichtigkeit, konnten also ohne Antrag im Sinne des § 13 GBO und ohne formelle Nachweise nach § 29 GBO als bloße Richtigstellung vorgenommen werden; § 39 GBO war darauf ebenfalls nicht mehr anwendbar.[8]
- Die Richtigkeitsvermutung des § 891 BGB galt somit konsequenterweise nach dem BGH für die eingetragenen Gesellschafter nicht mehr, ebenso wenig umfasste der öffentliche Glaube des Grundbuchs nach § 892 BGB die Vertretungsbefugnis der eingetragenen Gesellschafter. Mangels anderweitiger Registrierung fand als Folge daraus ein wirksamer Verkehrsschutz bei Grundstücksgeschäften mit Gesellschaften bürgerlichen Rechts nicht mehr statt.
- Dadurch wurde es praktisch nahezu unmöglich, bei Verfügungen einer im Grundbuch eingetragenen GbR den sicheren Nachweis der Identität der verfügenden mit der eingetragenen GbR sowie den Nachweis der Vertretungsmacht der als Gesellschafter auftretenden Personen mit den Mitteln des Grundbuchrechts (§ 29 GBO) zur Überzeugung von Notar und Grundbuchamt zu führen.

Im Ergebnis wurde dadurch die Verkehrsfähigkeit von Grundstücken im Eigentum von Gesellschaften bürgerlichen Rechts und solchen, an denen zu löschende Rechte für Gesellschaften bürgerlichen Rechts eingetragen waren, praktisch aufgehoben. So war nicht nur aus Sicht des BGH, der allerdings das Problem selbst verursacht hat,[9]

5 BGH NJW 2006, 3716 = DNotZ 2007, 118.

6 BGHZ 179, 102 = DNotZ 2009, 115.

7 BGHZ 179, 102 = DNotZ 2009, 115; ebenso ein großer Teil der Lit., vgl. z.B.: KEHE/*Dümig*, Grundbuchrecht, 6. Aufl. 2006, Einl B, Rn. 62 m.w.N.; *Lautner*, NotBZ 2009, 77, 81; *ders.* 2007, 229, 235; a.A. *Schöner/Stöber*, Grundbuchrecht, 14. Aufl. 2008, Rn. 240d; *Kesseler*, ZIP 2007, 421, 423.

8 OLG Zweibrücken, Beschl. v. 28 .8. 2008 – 3 W 68/08, Rpfleger 2009, 17; *Böhringer*, NotBZ 2009, 86, 89 f.; *Böttcher*, ZNotP 2009, 42, 45.

9 Deshalb sehr krit. z.B. *Jeep*, notar 2009, 27; *Bestelmeyer*, Rpfleger 2009, 144.

sondern auch der nahezu gesamten Notar- und Grundbuchpraxis ein Handeln des Gesetzgebers dringend geboten.

II. Überblick über den Inhalt der gesetzlichen Neuregelung

1. Anerkennung der Rechtsfähigkeit der GbR im Grundstücksrecht

Das zunächst Bemerkenswerteste an der gesetzlichen Neuregelung ist, dass der Gesetzgeber nunmehr den alten dogmatischen Streit über die Rechtsnatur der GbR-Gesamthand im Sinne der neuen Rechtsprechung des BGH und damit im Sinne der maßgeblich von Flume[10] begründeten Gruppenlehre auch für das Grundstücksrecht[11] endgültig entscheidet. Das geht sowohl aus dem Wortlaut der neuen Vorschriften als auch aus der Gesetzesbegründung[12] eindeutig hervor. So ist im neuen § 47 Abs. 2 S. 1 GBO davon die Rede, dass, wenn ein Recht »für eine Gesellschaft bürgerlichen Rechts eingetragen werden« soll, deren Gesellschafter lediglich »auch« einzutragen sind und gemäß § 47 Abs. 2 S. 2 GBO sollen die für den Berechtigten geltenden Vorschriften der Grundbuchordnung nur »entsprechend« für die Gesellschafter gelten.[13] Ebenso wenig wäre die Einfügung eines neuen § 899a BGB, der hinsichtlich der im Grundbuch eingetragenen Gesellschafter in seinem S. 1 eine zusätzliche gesetzliche Richtigkeits- und Vollständigkeitsvermutung neben § 891 Abs. 1 BGB aufstellt und in seinem S. 2 den öffentlichen Glauben des Grundbuchs auf die Eintragung der Gesellschafter »entsprechend« ausdehnt, notwendig gewesen, hätte der Gesetzgeber entgegen dem BGH wieder die Gesellschafter in traditioneller Weise als Rechtsinhaber von Grundstücken und Grundstücksrechten angesehen. Die Anerkennung der Rechtsfähigkeit der Außen-GbR im Grundstücksrecht durch den Gesetzgeber kann darum nicht mehr ernsthaft in Frage gestellt werden:[14] die GbR ist als Rechtsinhaberin von Grundstücken und Grundstücksrechten grunderwerbsfähig

10 *Flume*, Allgemeiner Teil des Bürgerlichen Rechts, Bd. I/1 (1977), S. 50 ff.; *ders.*, ZHR 136 [1972], 177 ff.

11 Dass der Gesetzgeber dem BGH bei der Anerkennung der Rechtsfähigkeit der Außen-GbR grundsätzlich folgen will, ergab sich allerdings bereits aus der am 15. 12. 2001 in Kraft getretenen Vorschrift des § 162 Abs. 1 S. 2 HGB, die in ihrem Wortlaut dem neuen § 47 Abs. 2 S. 1 GBO ähnelt.

12 BT-Drucks. 16/13437.

13 Die systematische Platzierung der Vorschrift als Absatz 2 des § 47 GBO, der ja bisher nur die Eintragung des Gemeinschaftsverhältnisses mehrerer Berechtigter regelte, scheint allerdings noch vom traditionellen dogmatischen Verständnis der GbR-Gesamthand geleitet; angesichts des eindeutigen Wortlauts der Vorschrift können sich hieraus aber m.E. keine begründeten Zweifel am gesetzgeberischen Willen ergeben.

14 A.A. ersichtlich nur: *Scherer*, NJW 2009, 3063, die mit einer für mich nicht nachvollziehbaren Argumentation vertritt, dass der Gesetzgeber durch die §§ 47 Abs. 2 GBO, 899a BGB die Rechtsfähigkeit der GbR wieder in Frage gestellt habe.

und, da sie als solche im Grundbuch eingetragen wird, auch grundbuchfähig. Eine Rückkehr zur alten individualistischen Gesamthandslehre ist damit endgültig verwehrt, mag das mancher auch – nicht zu Unrecht – bedauern.[15] Damit bleiben nämlich etliche Probleme im Umgang mit der GbR im Grundstücksrecht, die seit der »Jahrhundertentscheidung« des BGH vom 29. 01. 2001[16] diskutiert wurden und werden, trotz der gesetzlichen Neuregelung ungelöst.

2. Eintragung der GbR im Grundbuch

Hinsichtlich der Eintragungsweise der GbR im Grundbuch folgt der Gesetzgeber dagegen der jüngsten Rechtsprechung des BGH[17] ausdrücklich nicht. So ordnet er in § 47 Abs. 2 S. 1 GBO an, dass bei der Eintragung einer Gesellschaft bürgerlichen Rechts als Berechtigte im Grundbuch auch deren Gesellschafter mit einzutragen sind. Die vom BGH zugelassene Eintragung nur mit Namen und Sitz der Gesellschaft, durch die die ohnehin bestehenden Probleme mit der rechtsfähigen GbR im Grundstücksverkehr noch potenziert wurden, ist damit erfreulicherweise vom Tisch. Die Neuregelung entspricht derjenigen in § 162 Abs. 1 S. 2 HGB zur Eintragung einer GbR als Kommanditistin im Handelsregister. Dadurch kommt der Gesetzgeber einer verbreiteten Forderung in der Literatur nach, die schon bislang zur Vermeidung von Identitätszweifeln und, um einen Anknüpfungspunkt für einen Gutglaubensschutz in Bezug auf die Vertretungsmacht der Gesellschafter zu schaffen, die zusätzliche Eintragung der Gesellschafter der GbR im Grundbuch befürwortet hatte.[18] Ergänzt wird § 47 Abs. 2 S. 1 GBO durch die neue Bestimmung des § 15 Abs. 1 lit. c) GBV, die die Bezeichnung der GbR und vor allem ihrer Gesellschafter im Grundbuch regelt. Außerdem wurde die bisherige Vorschrift des § 15 Abs. 3 GBV, die ersichtlich von der traditionellen Gesamthandslehre ausging und im Übrigen nie nennenswerte praktische Bedeutung erlangt hat[19], konsequenterweise ersatzlos gestrichen.

Neu eingefügt wurde ferner § 47 Abs. 2 S. 2 GBO, wonach die für die Eintragung eines Berechtigten im Grundbuch geltenden Vorschriften der Grundbuchordnung für die Eintragung der Gesellschafter entsprechend anzuwenden sind. Das gilt insbesondere, aber nicht nur, für die Vorschriften der §§ 13, 19, 22, 29 und 39 GBO. Namentlich bei Veränderungen im Gesellschafterbestand gegenüber den diesbezüglichen Verlautbarungen im Grundbuch ist damit wieder, wie unter Geltung der traditionellen Gesamthandslehre, eine echte Berichtigung des Grundbuchs notwendig.

15 *Bestelmeyer*, Rpfleger 2010, 169, 192; *Bachmayer*, BWNotZ 2009, 122, 143.

16 BGHZ 146, 341 = DNotZ 2001, 234 mit Anm. Schemmann.

17 BGHZ 179, 102 = DNotZ 2009, 115.

18 *Priester*, BB 2007, 837, 839; *Kesseler*, ZIP 2007, 421, 423; *ders.*, DNotZ 2007, 79, 80; *Lautner*, NotBZ 2007, 229, 234 f.; *ders.*, MittBayNot 2005, 93, 99; *Ruhwinkel*, MittBayNot 2007, 92, 96; *Wertenbruch*, WM 2003, 1785; *Nagel*, NJW 2003, 1646, 1647.

19 Gesellschaftsverträge von Personengesellschaften werden, da nicht erforderlich, fast nie beim Handelsregister eingereicht.

Flankiert werden diese Bestimmungen schließlich durch den neuen S. 3 des § 82 GBO, der bei der Eintragung einer GbR als Eigentümerin im Grundbuch einen Berichtigungszwang auch für Veränderungen im Gesellschafterbestand der eingetragenen GbR vorsieht.

3. Wiederherstellung der Publizität des Grundbuchs

Eine der problematischsten Folgen der Anerkennung der Rechtsfähigkeit der GbR im Grundstücksrecht war, wie oben bereits dargestellt, der nach dem BGH und der wohl h.Lit. eingetretene Verlust der Publizität des Grundbuchs in Bezug auf die eingetragenen Gesellschafter, insbesondere der Verlust des öffentlichen Glaubens nach § 892 BGB im Hinblick auf die Handlungsbefugnis der eingetragenen Gesellschafter. Dem will der Gesetzgeber nun mit der neu eingefügten Vorschrift des § 899a BGB begegnen, der in seinem Satz 1 eine § 891 BGB funktional vergleichbare, widerlegbare Vermutung dahingehend enthält, dass die gemäß § 47 Abs. 2 S. 1 GBO als Gesellschafter einer im Grundbuch eingetragenen GbR benannten Personen die richtigen Gesellschafter sind (positive Vermutung) und dass es weitere Gesellschafter daneben nicht gibt (negative Vermutung). In § 899a S. 2 BGB werden sodann die §§ 892 bis 899 BGB, das heißt der öffentliche Glaube des Grundbuchs und die Bestimmungen zum Grundbuchberichtigungsanspruch, auf die Eintragung der Gesellschafter erstreckt. Da bei der GbR gemäß den Bestimmungen der §§ 714, 709 Abs. 1 BGB im Zweifel sämtliche Gesellschafter gemeinsam vertretungsbefugt sind, wird damit im Ergebnis der gute Glaube des Rechtsverkehrs an die Vertretungsbefugnis der im Grundbuch eingetragenen Gesellschafter geschützt. Auf diese Weise hat der Gesetzgeber letztlich für im Grundbuch eingetragene Gesellschaften bürgerlichen Rechts ein kleines »Ersatzregister« geschaffen. Die Schaffung eines echten GbR-Registers, wie u.a. vom BGH[20] gefordert, lehnte der Gesetzgeber dagegen – m.E. zu Recht[21] – ab. Das Grundbuch soll nach Vorstellung des Gesetzgebers trotzdem nicht als allgemeines GbR-Register fungieren, was durch die die Vermutung des § 899a S. 1 BGB einschränkende Formulierung »in Ansehung des eingetragenen Rechts« erreicht werden soll.

Aus alledem resultieren aber die Probleme bei der Anwendung des § 899a BGB. Das Grundbuch ist nämlich auf seine neue Funktion als GbR-Ersatzregister letztlich nicht zugeschnitten, die entsprechend anzuwendenden §§ 892 f. BGB passen eigentlich nur in Fällen fehlender Verfügungsberechtigung, nicht für die strukturell ganz anders gestaltete Vertretungsmacht, und die Beschränkung der Vermutung des § 899a S. 1 BGB auf das eingetragene Recht führt leider an mehreren Stellen zu fragwürdigen Ergebnissen, ohne dass mir die gesetzgeberische Rechtfertigung für diese Beschränkung aus Sicht des schutzwürdigen Rechtsverkehrs wirklich ein-

20 BGH, NJW 2008, 1378, 1379.
21 *Lautner*, NotBZ 2009, 77, 85.

leuchten würde.[22] Welche Position man bei den durch die neuen Vorschriften aufgeworfenen Streitfragen einnehmen will, ergibt sich denn meist auch daraus, ob man eher deren sachen- und grundbuchrechtliche Verankerung im Gesetz oder deren neue, registerähnliche Funktion im Vordergrund sieht.

4. Übergangsregelung und Behandlung der Altfälle

Schließlich wollte der Gesetzgeber auch eine praktikable Regelung für die Vielzahl der bereits im Grundbuch eingetragenen Gesellschaften bürgerlichen Rechts schaffen. Im neuen Art. 229 § 21 EGBGB erklärt er die Vorschriften der §§ 47 Abs. 2 S. 2, 82 S. 3 GBO sowie des § 899a BGB als auf solche Fälle anwendbar, in denen »die Eintragung« bereits vor Inkrafttreten des Gesetzes »erfolgt ist«. Aufgrund dieser bewusst offenen Formulierung erfasst die Vorschrift alle Fälle, in denen Gesellschaften bürgerlichen Rechts unter Nennung ihrer Gesellschafter vor Inkrafttreten der Neuregelung im Grundbuch eingetragen wurden, und zwar unabhängig davon, ob diese Eintragungen die Gesellschafter oder die Gesellschaft selbst als Berechtigte ausweisen und unabhängig davon, ob man die im Grundbuch aufgeführten Gesellschafter nach bisheriger Rechtslage zum Inhalt des Grundbuchs rechnet oder nicht.[23] Keine Lösung bietet der Gesetzgeber dagegen für all diejenigen Fälle an, in denen insbesondere unter Eindruck der Rechtsprechung des BGH Gesellschaften bürgerlichen Rechts nur mit Namen und Sitz eingetragen wurden, auch wenn er deren Rechtserwerb als solchen nicht in Frage stellt.

III. Verfügungen über Grundstücke oder dingliche Rechte durch eine im Grundbuch als Berechtigte eingetragene GbR – die Reichweite des öffentlichen Glaubens nach § 899a BGB

Verfügt eine im Grundbuch als Eigentümerin oder Berechtigte eines dinglichen Rechts eingetragene GbR, deren Gesellschafter gemäß § 47 Abs. 2 S. 1 GBO mit eingetragen wurden, über das in ihrem Eigentum stehende Grundstück bzw. das ihr zustehende dingliche Recht, gelangt man in den Hauptanwendungsbereich des § 899a BGB, der sicherlich das Kernstück der gesetzlichen Neuregelung darstellt.

22 Ähnlich *Bestelmeyer*, Rpfleger 2010, 169, 195.

23 Rebhan, NotBZ 2009, 445, 448; *Bestelmeyer*, Rpfleger 2010, 169, 173 f.; a.A. jurisPK-BGB/*Toussaint*, 4. Aufl. 2008, § 899a Rn. 14, für die Fälle, in denen die GbR bereits selbst als Berechtigte im Grundbuch eingetragen wurde; diese Differenzierung gibt allerdings der Wortlaut des Art. 229 § 21 EGBGB i.V.m. § 899a BGB keinesfalls her.

1. Verfahrensrechtliche Bedeutung von § 899a BGB

a) Wie § 891 BGB[24] ist auch die Vermutung des § 899a S. 1 BGB vom Grundbuchamt im Grundbuchverfahren zu beachten.[25] Handeln also z.B. bei der Auflassung eines GbR-Grundstücks an einen Dritten sämtliche im Grundbuch bei der GbR mit eingetragenen Gesellschafter als deren Vertreter und bewilligen die Eintragung des Eigentumsübergangs, so kann und muss das Grundbuchamt bei der ihm im Rahmen der §§ 20, 19 GBO obliegenden Prüfung der Vertretungsmacht gemäß § 899a S. 1 BGB davon ausgehen, dass die eingetragenen Personen tatsächlich Gesellschafter sind, weitere nicht vorhanden sind und dass sie deshalb gemäß §§ 714, 709 Abs. 1 BGB die Gesellschaft gemeinsam vertreten können. Weitere Nachweise dürfen nicht verlangt werden, es sei denn, die Vermutung ist für das Grundbuchamt widerlegt, weil ihm Tatsachen bekannt oder nachgewiesen sind, die die Unrichtigkeit zweifelsfrei ergeben.[26] Denkbar wäre insoweit z.B., dass dem Grundbuchamt ein beurkundeter Gesellschaftsvertrag oder beurkundete Anteilsabtretungserklärungen vorgelegt werden, aus denen die Unvollständigkeit oder Unrichtigkeit des eingetragenen Gesellschafterbestands eindeutig hervorgeht. In gleicher Weise darf sich im Übrigen natürlich auch der Notar auf die Vermutung des § 899a S. 1 BGB verlassen.

Handeln dagegen nicht alle eingetragenen Gesellschafter bei der Verfügung über das Grundstück bzw. Recht der GbR mit, müssen Notar und Grundbuchamt weitere Nachweise zum Nachweis der Vertretungsmacht in der Form des § 29 Abs. 1 GBO verlangen, also etwa einen Gesellschaftsvertrag, Ermächtigungen der anderen Gesellschafter zum Alleinhandeln der Erschienenen oder Vollmachten der GbR für die Erschienenen.[27]

b) Über die Richtigkeit und Vollständigkeit des eingetragenen Gesellschafterbestands hinaus wird durch § 899a S. 1 BGB richtigerweise aber auch die Existenz der GbR vermutet.[28] Denn ohne eine existente GbR gibt es keine Gesellschafter. Der Hauptfall, in dem dies bei einer im Grundbuch eingetragenen GbR relevant werden kann[29], ist der, dass durch Ausscheiden eines Gesellschafters einer zweigliedrigen

24 BayObLG, Rpfleger 2004, 417; Palandt/*Bassenge*, BGB, 69. Aufl. 2010, § 891 Rn. 1.
25 *Demharter*, GBO, 27. Aufl. 2010, § 47 Rn. 32.
26 Palandt/*Bassenge* (Fn. 24), § 891 Rn. 10.
27 S. zu Vollmacht und Ermächtigung: Palandt/*Sprau*, BGB, 69. Aufl. 2010, § 714 Rn. 2 m.w.N.
28 BT-Drucks. 16/13437, S. 31; ebenso: *Demharter* (Fn. 25), § 47 Rn. 32 f.; BeckOK-BGB/*Eckert*, Ed. 16 (1. 2. 2010), § 899a Rn. 3; juris-PK/*Toussaint* (Fn. 23), § 899a Rn. 23; *Böhringer*, Rpfleger 2009, 537, 541; *Böttcher*, ZfIR 2009, 613, 623; *Krauß*, notar 2009, 429, 430; *Langenfeld*, ZEV 2010, 17, 21; *Lautner*, DNotZ 2009, 650, 667; *Rebhan*, NotBZ 2009, 445, 447; *Ruhwinkel*, MittBayNot 2009, 421, 422; *Wicke*, GWR 2009, 336, 337 f.; a.A. *Krüger*, NZG 2010, 801, 805; *Bestelmeyer*, Rpfleger 2010, 169, 174; *Steffek*, ZIP 2009, 1445, 1453 f., der nur allgemeine Rechtsscheinsgrundsätze anwenden will; zweifelnd auch Palandt/*Bassenge* (Fn. 24), § 899a Rn. 6.
29 S. hierzu ausführlich *Lautner*, MittBayNot 2001, 425, 432 f.

Gesellschaft die Gesellschaft liquidationslos erlischt und das Gesellschaftsgrundstück bzw. dingliche Recht dem letzten Gesellschafter im Wege der Gesamtrechtsnachfolge allein angewachsen ist. Zusätzliche Nachweise für das (Fort-) Bestehen der GbR kann das Grundbuchamt daher im Normalfall ebenfalls nicht verlangen. Dem wird entgegengehalten, dass der Wortlaut des § 899a S. 1 BGB die Vermutung der Existenz der GbR gerade nicht umfasse, auch durch den funktional vergleichbaren § 891 Abs. 1 BGB anerkanntermaßen die Existenz des Berechtigten nicht vermutet werde und das Grundbuch durch die gesetzliche Neuregelung nicht die Funktion eines allgemeinen Gesellschaftsregisters erhalten sollte.[30] Sofern man dies ausschließlich aus der klassischen Grundbuchperspektive betrachtet, spricht einiges für diese Auffassung. Sieht man dagegen mit der hier vertretenen Meinung die Neuregelungen der §§ 47 Abs. 2 GBO, 899a BGB zwar nicht als Normierung eines allgemeinen, aber doch eines auf das eingetragene Recht beschränkten Ersatzregisters für die GbR an, so entspricht die Vermutung der Existenz eines eingetragenen Rechtsträgers ohne weiteres dem Gesetz, wie die vom Gesetzgeber selbst betonte[31] funktionelle Parallele des § 899a BGB zu § 15 HGB zeigt.

c) Ohne besondere Anhaltspunkte (z.B. Verwendung eines abweichenden Gesellschaftsnamens) braucht das Grundbuchamt schließlich auch nicht zu prüfen, ob die Gesellschaft, für die gehandelt wurde, mit der eingetragenen Gesellschaft identisch ist.

d) Die Vermutung des § 899a S. 1 BGB beschränkt sich auf das für die GbR eingetragene Grundstück bzw. Recht und ist daher nur bei Verfügungen über gerade dieses Grundstück bzw. Recht einschlägig, dagegen nicht beim Erwerb anderer Grundstücke oder anderer Rechte an Grundstücken durch eine eingetragene GbR, sodass das Grundbuchamt in den Erwerbsfällen in der Regel weitere Existenz- und Vertretungsnachweise verlangen muss. Die Beschränkung auf das eingetragene Recht hat jedoch nach meiner Auffassung auch noch eine andere Bedeutung. Hat nämlich einund dieselbe GbR mehrere Grundstücke oder Grundstücksrechte, die auf verschiedenen Grundbuchblättern, gegebenenfalls sogar bei verschiedenen Grundbuchämtern, eingetragen sind, kann es in der Praxis durchaus vorkommen, dass diese unterschiedliche Gesellschafterbestände ausweisen. Es kann ja beispielsweise bei einem Antrag auf Grundbuchberichtigung aufgrund Änderung des Gesellschafterbestands die Angabe eines Grundbuchblatts vergessen worden sein. Vergleichbar der Rechtslage bei sich widersprechenden Doppelbuchungen[32] von Rechten könnte man daher auf die Idee kommen, in einem solchen Fall die Vermutungswirkung des § 899a S. 1 BGB und damit auch den öffentlichen Glauben nach §§ 892, 899a

30 *Steffek*, ZIP 2009, 1445, 1453 f.; *Bestelmeyer*, Rpfleger 2010, 169, 174; *Krüger*, NZG 2010, 801, 805.

31 BT-Drucks. 16/13437, S. 31.

32 BGH, Urt. v. 19. 10. 2007 – V ZR 211/06, NJW 2007, 3777, 3778; Palandt/*Bassenge* (Fn. 24), § 891 Rn. 2, § 892 Rn. 11.

S. 2 BGB zu verneinen. Dagegen spricht jedoch zum einen gerade die Beschränkung der Vermutung des § 899a S. 1 BGB auf das eingetragene Recht: Wenn die Vermutung nur isoliert für das Recht gilt, über das verfügt wird, dann muss umgekehrt bei der Frage des als Grundlage für die Vermutung dienenden Grundbuchinhalts auch nur isoliert die Eintragung bei diesem Recht betrachtet werden.[33] Im Übrigen resultiert dieses Problem allein daraus, dass das Grundbuch hier entgegen seiner eigentlichen Funktion als GbR-Ersatzregister fungieren muss. Die grundbuchliche Registrierung der GbR kann aber wegen der Führung des Grundbuchs als Realfolium, § 3 Abs. 1 GBO, anders als bei den echten Registern naturgemäß nicht bundesweit auf einem einzigen Register- bzw. Grundbuchblatt stattfinden. Auch eine Abgleichung der Eintragungen von Amts wegen ist grundbuchrechtlich nicht möglich. Die hieraus unter Umständen entstehenden Widersprüche müssen infolgedessen ohne Auswirkung auf die Wirksamkeit der Vermutung und den öffentlichen Glauben bleiben, will man nicht den durch § 899a BGB gewährten Verkehrsschutz in unerträglicher Weise wieder entwerten. Hat das Grundbuchamt Kenntnis von einer widersprechenden Eintragung, kann es deshalb im Normalfall zusätzliche Nachweise zur Vertretungsmacht der Gesellschafter bei dem von einer Verfügung betroffenen Recht nicht verlangen, es sei denn, es hat sichere Kenntnis, dass gerade die Eintragung bei diesem Recht unrichtig ist.

e) Angemerkt sei noch, dass der als Berechtigte eingetragenen GbR selbst die Vermutung des § 891 Abs. 1 BGB natürlich weiterhin zugutekommt, wie die Formulierung in § 899a S. 1 BGB »so wird (...) auch vermutet«, zeigt.[34]

2. Der Öffentliche Glaube des Grundbuchs nach §§ 892 f., 899a S. 2 BGB

a) § 899a S. 2 BGB erstreckt den öffentlichen Glauben des Grundbuchs auf die gemäß § 47 Abs. 2 S. 1 GBO mit eingetragenen Gesellschafter, indem er die entsprechende Anwendung der §§ 892, 893 BGB anordnet. Dabei kann hinsichtlich der Anwendung dieser Vorschriften im Rahmen des § 899a S. 2 BGB grundsätzlich auf die Rechtsprechung und Literatur zu deren direkten Anwendungsbereich verwiesen werden, soweit sich nicht etwas anderes daraus ergibt, dass sich der öffentliche Glaube des Grundbuchs bei § 899a BGB auf die Vertretungsmacht der eingetragenen Gesellschafter bezieht.

b) Als Rechtsscheinsvorschriften finden §§ 892, 899a S. 2 BGB naturgemäß nur bei einem rechtsgeschäftlichen Erwerb Anwendung, was allerdings schon deshalb gelten muss, weil es auf die Vertretungsmacht der Gesellschafter bei gesetzlichen Erwerbstatbeständen von vorneherein nicht ankommen kann. Außerdem muss ein Verkehrsgeschäft vorliegen, es muss also auf der Erwerberseite mindestens eine

33 So i.E. auch *Bestelmeyer*, Rpfleger 2010, 169, 189.
34 juris-PK/*Toussaint* (Fn. 23), § 899a Rn. 15.

Person beteiligt sein, die auf der Veräußererseite nicht, weder rechtlich noch wirtschaftlich, beteiligt ist.[35]

c) Die von §§ 892 Abs. 1 S. 1, 899a S. 2 BGB geforderte Grundbuchunrichtigkeit muss wegen des systematischen Zusammenhangs mit der Vermutung des § 899a S. 1 BGB die Richtigkeit und Vollständigkeit der Gesellschaftereintragung in Ansehung des Rechts betreffen, über das verfügt werden soll. Sie liegt also vor, wenn die eingetragenen Gesellschafter als Vertreter der GbR gehandelt haben, die GbR aber tatsächlich ganz oder teilweise andere als die bei dem betroffenen Grundstück bzw. Recht eingetragenen Gesellschafter besitzt oder neben den eingetragenen Gesellschaftern noch weitere Gesellschafter vorhanden sind. In beiden Fällen kommt es jedoch trotz insoweit bestehender Grundbuchunrichtigkeit natürlich dann nicht auf §§ 892 Abs. 1 S. 1, 899a S. 2 BGB an, wenn die handelnden Personen oder einzelne davon aufgrund einer gesellschaftsvertraglich von §§ 714, 709 Abs. 1 BGB abweichenden Vertretungsregelung vertretungsberechtigt sind. Zu einer kombinierten Anwendung von §§ 892 Abs. 1 S. 1, 899a S. 2 BGB und § 172 BGB kann es dagegen kommen, wenn nicht alle eingetragenen Gesellschafter erscheinen, die Erschienenen aber Vollmachtsurkunden bzw. Handlungsermächtigungen der anderen eingetragenen Gesellschafter oder, nach hier vertretener Auffassung[36] unter analoger Anwendung des § 172 BGB, einen sie zur Vertretung ermächtigenden Gesellschaftsvertrag vorlegen. Schließlich kann die Grundbuchunrichtigkeit jedenfalls nach h.M.[37] auch darin bestehen, dass die eingetragene GbR nicht (mehr) existiert.

d) § 899a S. 2 BGB nimmt auch § 892 Abs. 1 S. 2 BGB in Bezug, der in seinem direkten Anwendungsbereich bekanntermaßen den öffentlichen Glauben des Grundbuchs in Bezug auf die Nichteintragung von relativen Verfügungsbeschränkungen herstellt. Auf Verfügungsbeschränkungen kann es aber nur bei der verfügungsbefugten eingetragenen GbR selbst, nicht aber bei den diese vertretenden Gesellschaftern ankommen. Die Verweisung auf § 892 Abs. 1 S. 2 BGB hätte daher nur dann Bedeutung, wenn es »relative Vertretungsbeschränkungen« gäbe bzw. Rechtsgeschäfte oder rechtliche Maßnahmen gegen einen GbR-Gesellschafter, die dazu führten, dass dieser zwar Gesellschafter bleibt, aber seine Vertretungsmacht für die GbR zugunsten einer Person in der Weise eingeschränkt ist, dass die Vertretung der GbR unter seiner Mitwirkung nur mit Zustimmung dieser Person möglich ist. Dergleichen kenne ich jedoch im deutschen Recht nicht. Insbesondere haben die Bestellung eines Nießbrauchs an einem GbR-Gesellschaftsanteil, dessen Verpfändung oder dessen Pfändung keine solche Rechtsfolge.[38] § 892 Abs. 1 S. 2 BGB hat des-

35 BGH, Urt. v. 29.6.2007 – V ZR 5/07, NJW 2007, 3204, 3205; Palandt/*Bassenge* (Fn. 24), § 892 Rn. 5 ff.; ein Beispiel für ein Nichtverkehrsgeschäft wäre die Veräußerung eines GbR-Grundstücks an einen der Gesellschafter der GbR.

36 *Lautner*, DNotZ 2009, 650, 661 f. m.w.N.; ausführlich *ders.*, NotBZ 2007, 229, 233 f.

37 S. Fn. 28.

38 MünchKomm/*Ulmer*, BGB, 5. Aufl. 2009, § 719 Rn. 55 m.w.N.

wegen im Rahmen des § 899a BGB aus meiner Sicht unmittelbar keine Bedeutung. Daraus folgt aber auch, dass ein Nießbrauch an einem Gesellschaftsanteil oder dessen Verpfändung nicht mehr im Grundbuch eingetragen werden können, weil sie auf die Verfügungsberechtigung der eingetragenen rechtsfähigen GbR selbst ebenfalls keine Auswirkung haben.[39] Die Pfändung eines GbR-Anteils konnte aus diesem Grund ja schon bisher nach ganz h.M. nicht eingetragen werden.[40] Ebenfalls nicht eintragbar sind aus diesen Gründen ein Testamentsvollstreckervermerk, ein Nacherbenvermerk oder ein Vermerk über die sich aus § 161 BGB ergebende Verfügungsbeschränkung aus einer bedingten Anteilsabtretung.[41] Anderes könnte, insofern abweichend von der früheren Rechtslage,[42] im Fall einer Gesellschafterinsolvenz für die Eintragung eines Insolvenzvermerks gelten.[43] Zwar führt auch dieser nicht zu einer »relativen Vertretungsbeschränkung«, so dass § 892 Abs. 1 S. 2 BGB an sich nicht passt. Allerdings wirkt sich die Gesellschafterinsolvenz gemäß §§ 728 Abs. 2 S. 1, 730 Abs. 2 S. 2 BGB, 80 Abs. 1 InsO auf die Vertretungsbefugnis des Schuldnergesellschafters aus: Die Gesellschaft ist – vorbehaltlich abweichender gesellschaftsvertraglicher Regelung – aufgelöst, die Auseinandersetzung erfolgt nach gesellschaftsrechtlichen Regeln außerhalb des Insolvenzverfahrens, § 84 Abs. 1 InsO, der Schuldnergesellschafter verliert aber die Geschäftsführungs- und Vertretungsbefugnis, die nunmehr vom Insolvenzverwalter ausgeübt wird.[44] Würde nun die Gesellschaft unter Mitwirkung des Schuldners über ein Gesellschaftsgrundstück verfügen, wäre es denkbar, insoweit einen gutgläubigen Erwerb nach §§ 892, 899a S. 2 BGB anzunehmen, obwohl § 81 Abs. 1 S. 2 InsO gerade nicht auf § 899a BGB verweist.[45] Dann müsste man konsequenterweise aber auch die Eintragungsfähigkeit eines Insolvenzvermerks im Grundbuch beim Schuldnergesellschafter bejahen.[46] Im Interesse eines umfassenden Verkehrsschutzes und angesichts der sich aus § 81 Abs. 1 S. 2 InsO ergebenden Wertung, wonach grundsätzlich die Möglichkeit eines gutgläubigen Erwerbs aus der Insolvenzmasse besteht, halte ich diese Auffassung für richtig.

e) Unzweifelhaft finden §§ 892, 899a S. 2 BGB als im Sachenrecht angesiedelte Vorschriften wie § 892 BGB in seinem unmittelbaren Geltungsbereich auf der dinglichen Ebene Anwendung, d.h. auf die Frage des Bestehens der Vertretungsmacht

39 MünchKomm/*Ulmer* (Fn. 38), § 719 Rn. 56 m.w.N.; a.A. zur Rechtslage vor Inkrafttreten des Gesetzes: *Schöner/Stöber* (Fn. 7), Rn. 1671 Fn. 6.

40 *Schöner/Stöber*, (Fn. 7), Rn. 1674.

41 *Bestelmeyer*, Rpfleger 2010, 169, 188.

42 OLG Rostock, Beschl. v. 11. 9. 2003 – 7 W 54/03, NJW-RR 2004, 260 = Rpfleger 2004, 94; Palandt/*Sprau* (Fn. 27), § 728, Rn. 2.

43 So *Bestelmeyer*, Rpfleger 2010, 169, 189; *Böttcher*, ZfIR 2009, 613, 624.

44 *Böttcher*, ZfIR 2009, 613, 624.

45 So *Böttcher*, ZfIR 2009, 613, 624; a.A. *Bestelmeyer*, Rpfleger 2010, 169, 190.

46 Insofern inkonsequent: *Bestelmeyer*, Rpfleger 2010, 169, 189, 190, der einerseits die Eintragung eines Insolvenzvermerks befürwortet, andererseits die Möglichkeit eines gutgläubigen Erwerbs verneint.

bei dem jeweiligen dinglichen Verfügungsgeschäft bezüglich des eingetragenen Rechts, also z.B. bei der Auflassung eines GbR-Grundstücks (§§ 873 Abs. 1, 925 BGB), der Einigung über eine Grundschuldbestellung an einem GbR-Grundstück (§§ 873 Abs. 1, 1191 BGB), der Einigung über die Inhaltsänderung eines Rechts einer GbR (§§ 873 Abs. 1, 877 BGB) oder bei einer Aufgabeerklärung über ein Recht einer GbR (§ 875 BGB). Hierbei handelt es sich ohne weiteres um Rechtsgeschäfte »in Ansehung des eingetragenen Rechts« im Sinne des § 899a BGB.

Als ausschließlich sachenrechtliche Vorschrift hat § 892 Abs. 1 S. 1 BGB in seinem direkten Anwendungsbereich für das der Verfügung zugrunde liegende Kausalgeschäft dagegen naturgemäß keine Bedeutung. Letztlich fingiert er ja die fehlende Verfügungsberechtigung des verfügenden Buchberechtigten zugunsten des gutgläubigen Erwerbers. Die Verfügungsberechtigung spielt freilich für das schuldrechtliche Kausalgeschäft keine Rolle: Auch ein Nichtberechtigter kann sich wirksam verpflichten, über ein ihm nicht gehörendes Grundstück oder Recht zu verfügen. Anders ist es aber im Fall der Vertretungsmacht, über deren Fehlen die §§ 892, 899a BGB hinweghelfen sollen: Fehlt die Vertretungsmacht der handelnden Gesellschafter, so hat das normalerweise Auswirkungen nicht nur auf das dingliche Verfügungsgeschäft, sondern auch auf das zugrunde liegende schuldrechtliche Kausalgeschäft, welches zunächst schwebend unwirksam und im Fall der Genehmigungsverweigerung durch die tatsächlich vertretungsberechtigten Gesellschafter endgültig unwirksam wird, § 177 Abs. 1 BGB. Würde man also, was an sich nahe läge, §§ 892, 899a S. 2 BGB nur auf das dingliche Verfügungsgeschäft anwenden, so wäre zwar das von den eingetragenen Gesellschaftern namens der GbR vorgenommene Verfügungsgeschäft wirksam, so dass z.B. ein gutgläubiger Käufer das Eigentum am von ihm gekauften GbR-Grundstück erwerben würde. Das Kausalgeschäft, also der Kaufvertrag selbst, wäre dagegen unwirksam, wenn die tatsächlich vertretungsberechtigten Gesellschafter der GbR ihn nicht später genehmigen. Der Käufer wäre dann einem Kondiktionsanspruch der GbR aus § 812 Abs. 1 S. 1 BGB[47] ausgesetzt und müsste das gutgläubig erworbene Grundstück wieder an diese rückübereignen, ein aus Verkehrsschutzgesichtspunkten unerträgliches Ergebnis. Eine für den Käufer eingetragene Auflassungsvormerkung wäre zudem aufgrund ihrer Akzessorietät unwirksam, weil der zugrunde liegende Übereignungsanspruch unwirksam wäre. Im Kaufvertrag über ein GbR-Grundstück wäre der Käufer dann nur noch dadurch vor einer ungesicherten Vorleistung zu schützen, dass er den Kaufpreis auf ein Notaranderkonto einzahlt, wo dieser auch nach Eigentumsum-

47 Wobei offenbleiben kann, ob dies ein Fall einer Leistungskondiktion oder einer Eingriffskondiktion wäre, je nachdem, ob sich die GbR die Leistung der eingetragenen Gesellschafter zurechnen lassen müsste oder nicht; mehr spricht wohl für die Eingriffskondiktion, so auch *Rebhan*, NotBZ 2009, 445, 448; *Ruhwinkel*, MittBayNot 2009, 421, 423; a.A. *Kuckein/Jenn*, NZG 2009, 848, 851; *Bestelmeyer*, Rpfleger 2010, 169, 175 f.

schreibung bis zur Verjährung etwa bestehender Kondiktionsansprüche verbleiben müsste; ein geradezu absurdes Ergebnis.[48]

§§ 892, 899a BGB fingieren deshalb nach meiner Überzeugung die Vertretungsmacht der eingetragenen Gesellschafter auch hinsichtlich des der Verfügung über das eingetragene Recht zugrunde liegenden Kausalgeschäfts.[49] Dieses Ergebnis wird zwar angesichts dessen, dass es hier um im Sachenrecht verankerte Vorschriften und den öffentlichen Glauben des Grundbuchs geht, zunächst befremden. Gleichwohl ist das aber Folge der neuen Funktion des Grundbuchs als GbR-Ersatzregister, die ihm der Gesetzgeber zugewiesen hat. Die hier vertretene Auffassung ist ohne weiteres mit dem Gesetzeswortlaut vereinbar. »In Ansehung des eingetragenen Rechts« werden auch schuldrechtliche Rechtsgeschäfte geschlossen, die die Verpflichtung zur Einräumung (Bestellung oder Übertragung) oder Aufhebung des Rechts, zu dessen Inhaltsänderung oder zu dessen Rangänderung zum Gegenstand haben, vgl. § 883 Abs. 1 S. 1 BGB. Die vom BGB-Gesetzgeber vielfach verwendete Formulierung »in Ansehung«[50] ist lediglich im Sinne von »mit (unmittelbarem) Bezug auf« zu verstehen, was auf die genannten schuldrechtlichen Geschäfte zutrifft. Selbst unmittelbarer Bezug bedeutet nämlich nicht notwendigerweise unmittelbares Einwirken auf das Recht im Sinne einer Verfügung. Der Wille des Gesetzgebers, kein allgemeines GbR-Register zu schaffen, steht einer derartigen Auslegung ebenfalls nicht entgegen. In der Gesetzesbegründung selbst wird ausgeführt, dass § 892 i.V.m. § 899a S. 2 BGB in seiner Funktion § 15 Abs. 3 HGB gleiche,[51] einer Vorschrift, die fraglos auf der dinglichen und der Kausalebene angewendet wird. Letztlich gebietet der Zweck der gesetzlichen Neuregelung, den Grundstücksverkehr mit Gesellschaften bürgerlichen Rechts durch Herstellung von Grundbuchpublizität wieder sicher zu machen, geradezu die hier vertretene Auslegung angesichts der oben dargelegten Konsequenzen der Gegenauffassung.[52]

48 Als mögliche Lösung für die Praxis wird hier allerdings der Schutz des Käufers über eine sog. „Doppelverpflichtung" vorgeschlagen, d.h. die handelnden (angeblichen) Gesellschafter selbst verpflichten sich neben der GbR gegenüber dem Käufer und die GbR verpflichtet sich gegenüber den handelnden Gesellschaftern zur Übereignung des Grundstücks an den Käufer, um einer Direktkondiktion der GbR beim Käufer durch vorrangige Leistungsbeziehungen vorzubeugen, *Hertel*, in: Würzburger Notarhandbuch, 2. Aufl. 2010, Teil 2, Kap. 2, Rn. 539 f.

49 *Lautner*, DNotZ 2009, 650, 670 ff.; befürwortend auch *Hertel* (Fn. 48), Kap. 2, Rn. 536; *Rebhan*, NotBZ 2009, 445, 447; *Krauß*, notar 2009, 429, 436; *Ruhwinkel*, MittBayNot 2009, 421, 423 (§ 899a BGB analog); zumindest Anwendung allg. Rechtsscheinsgrundsätze *Kuckein/Jenn*, NZG 2009, 848, 851; zumindest Schutz über Duldungs-/ Anscheinsvollmacht *Wicke*, GWR 2009, 336, 338; a.A. Palandt/*Bassenge* (Fn. 24), § 899a Rn. 5; BeckOK/*Eckert* (Fn. 28), § 899a Rn. 6; juris-PK/*Toussaint* (Fn. 23), § 899a Rn. 25; *Bestelmeyer*, Rpfleger 2010, 169, 175; *Krüger*, NZG 2010, 801, 806.

50 Z.B. §§ 166 Abs. 1 S. 1, 407 Abs. 1, 809, 893, 894, 936 Abs. 2, 1138 BGB und noch einer Vielzahl weiterer Vorschriften.

51 BT-Drucks. 16/13437, S. 31.

52 Offen bleiben muss an dieser Stelle allerdings, ob dann § 816 Abs. 1 BGB entsprechend anzuwenden ist, so dass der Erwerber wenigstens im Fall eines unentgeltlichen Erwerbs Kondiktionsansprüchen der GbR ausgesetzt wäre, § 816 Abs. 1 S. 2 BGB analog; meines Er-

f) Klar dürfte angesichts der Beschränkung des öffentlichen Glaubens auf das eingetragene Recht jedenfalls sein, dass §§ 892, 899a BGB auf von den eingetragenen Gesellschaftern namens der GbR anlässlich eines Grundstücksverkaufs mitverkaufte und -übereignete bewegliche Sachen[53] nicht anwendbar sind.[54] Fehlt also die Vertretungsmacht der handelnden Gesellschafter in Wirklichkeit und kommt insoweit auch ein anderweitiger Rechtsscheinstatbestand, insbesondere § 172 BGB (direkt oder analog) nicht in Betracht, so hängt die Wirksamkeit der dinglichen Einigungen über die Übereignung dieser Sachen (§ 929 S. 1 BGB) und des zugrunde liegenden schuldrechtlichen Kaufvertrags von der Genehmigung der GbR ab. Bei einem einheitlichen Kaufvertrag kann letzteres dann aber gemäß § 139 BGB auch die Wirksamkeit des Grundstückskaufs gefährden. Aus diesem Grunde sollte man künftig in Grundstückskaufverträgen mit einer GbR als Verkäuferin, in denen auch andere Sachen oder Rechte mitverkauft werden, vorsorglich eine salvatorische Klausel aufnehmen, falls der Wille der Beteiligten nicht, wie es etwa bei einem Unternehmenskauf (asset deal) naheliegt, ausnahmsweise für eine Gesamtunwirksamkeit spricht.

Ebenfalls klar dürfte durch die Beschränkung des öffentlichen Glaubens nach §§ 892, 899a BGB auf das eingetragene Recht sein, dass dadurch nicht etwa ein gutgläubiger Erwerb eines GbR-Gesellschaftsanteils von einem eingetragenen, in Wirklichkeit aber nicht berechtigten Gesellschafter ermöglicht wird.[55]

g) Bei Briefgrundpfandrechten finden bekanntlich gemäß § 1155 BGB die §§ 891 ff. BGB entsprechende Anwendung. Wenn also z.B. ein durch den Briefbesitz und eine Kette öffentlich beglaubigter Abtretungserklärungen ausgewiesener Gläubiger sein Briefrecht abtritt, obwohl er materiellrechtlich nicht Inhaber des Rechts geworden ist, erwirbt der gutgläubige Abtretungsempfänger gemäß §§ 892, 1155 BGB das Briefrecht in gleicher Weise, wie wenn der Gläubiger im Grundbuch eingetragen gewesen wäre. § 899a BGB wird jedoch durch die gesetzliche Neuregelung in diese Verweisung nicht mit einbezogen. Verfügt also eine GbR, vertreten durch die in der letzten Abtretungserklärung vermerkten Gesellschafter, über ihr Briefrecht, obwohl diese Gesellschafter eigentlich nicht vertretungsberechtigt sind, ist der gute Glaube des Abtretungsempfängers an den Bestand der Vertretungsmacht der in der Abtretungserklärung vermerkten Gesellschafter nicht nach §§ 1155, 899a, 892 BGB geschützt. Obgleich dies aus der Gesetzesbegründung nicht hervorgeht, handelt es sich

achtens ist dies abzulehnen, weil es an der Vergleichbarkeit mit der Verfügung eines Nichtberechtigten fehlt und auch bei § 15 HGB so nicht verfahren wird.

53 M.E. auch dann nicht, wenn sie Zubehör sind, wofür neben dem Wortlaut des § 899a BGB die Verweisung in § 926 Abs. 2 BGB auf die §§ 932 ff. BGB spricht; ebenso *Ruhwinkel*, MittBayNot 2009, 421, 423; für Zubehör zweifelnd *Rebhan*, NotBZ 2009, 445, 449.

54 Dies könnte übrigens auch für im Rahmen eines Kaufvertrags zur Sicherung der Lastenfreistellung von der GbR an den Käufer abgetretene schuldrechtliche Rückgewähransprüche hinsichtlich eingetragener Grundpfandrechte gelten; so auch: Rebhan, NotBZ 2009, 445, 447.

55 AllgM., vgl. nur *Rebhan*, NotBZ 2009, 445, 447 m.w.N.

wohl um ein bewusstes Unterlassen des Gesetzgebers. Offenbar sah man im Briefbesitz und der Bezeichnung der Gesellschafter in der Abtretungserklärung keine ausreichende Rechtsscheinsgrundlage in Bezug auf die Vertretungsmacht der bezeichneten Gesellschafter. Ich halte dies für wenig überzeugend. Normzweck des § 1155 BGB ist es, die erhöhte Verkehrsfähigkeit von Briefgrundpfandrechten zu erhalten, indem die Legitimation durch Abtretungserklärung und Briefbesitz der Legitimation durch Grundbucheintragung gleichgestellt wird.[56] Das spricht aber gerade dafür, § 899a BGB in die Verweisung des § 1155 BGB einzubeziehen, da die Verkehrsfähigkeit eines einmal an eine GbR abgetretenen Briefgrundpfandrechts andernfalls beeinträchtigt wäre. Die wahren, nicht in der Abtretungserklärung genannten Gesellschafter wären durch den Berichtigungsanspruch nach §§ 894, 899a BGB und die Möglichkeit der Eintragung eines Widerspruchs nach §§ 899, 899a BGB geschützt. Meines Erachtens sollte daher § 899a BGB im Rahmen des § 1155 BGB analog angewendet werden.[57]

h) Wie im direkten Anwendungsbereich des § 892 BGB ist der Erwerber nur dann nicht durch den öffentlichen Glauben des Grundbuchs geschützt, wenn er dessen Unrichtigkeit oder Unvollständigkeit in Bezug auf die Gesellschafterstellung der eingetragenen Gesellschafter positiv kennt oder ein Widerspruch gegen die Richtigkeit des eingetragenen Gesellschafterbestands eingetragen ist, §§ 892 Abs. 1 S. 1, 899, 899a S. 2 BGB. § 899a S. 2 BGB verweist aber nicht auf den bei Briefrechten geltenden § 1140 BGB, wonach auch die aus dem Brief hervorgehende Unrichtigkeit des Grundbuchs oder ein dort eingetragener Widerspruch den öffentlichen Glauben des Grundbuchs zerstört. Dies wurde – anders als bei § 1155 BGB – vom Gesetzgeber wohl schlicht übersehen, da es keinen sachlichen Grund gibt, § 1140 BGB im Anwendungsbereich des § 899a BGB nicht gelten zu lassen. Bis zu einer Korrektur dieses gesetzgeberischen Versehens muss die so entstandene planwidrige Regelungslücke deshalb durch analoge Anwendung des § 1140 BGB auf § 899a BGB geschlossen werden.[58]

i) Zu klären ist schließlich noch, auf welchen Zeitpunkt im Fall der §§ 892, 899a BGB für die Unkenntnis des Erwerbers abgestellt werden muss. Im direkten Anwendungsbereich des § 892 BGB ist dies in der Regel der Zeitpunkt der Vollendung des Rechtserwerbs, sofern das Gesetz nicht durch § 892 Abs. 2 BGB den Zeitpunkt auf die Antragstellung oder, bei Eintragung einer (gutgläubig erworbenen) Vormerkung, jedenfalls nach h.M.[59] auf deren Eintragung bzw. die Antragstellung zu deren Eintragung vorverlegt. Das grundsätzliche Abstellen des Gesetzes auf den Zeitpunkt der Vollendung des Rechtserwerbs leuchtet deshalb ein, weil es bei § 892 BGB letztlich um die Fiktion der Verfügungsberechtigung geht und nach all-

56 MünchKomm/*Eickmann*, BGB, 5. Aufl. 2009, § 1155 BGB, Rn. 1.
57 A.A. *Bestelmeyer*, Rpfleger 2010, 169, 190.
58 A.A. *Bestelmeyer*, Rpfleger 2010, 169, 190.
59 Palandt/*Bassenge* (Fn. 24), § 892 Rn. 25, § 885 Rn. 13.

gemeinen Grundsätzen die Verfügungsberechtigung im Zeitpunkt der Vollendung des Rechtserwerbs vorliegen muss. Anders ist es jedoch bei der im Anwendungsbereich der §§ 892, 899a BGB relevanten Vertretungsmacht. Für das Bestehen der Vertretungsmacht kommt es nach ganz h.M. stets auf den Zeitpunkt der Abgabe der Willenserklärung des Vertreters an.[60] Bei vergleichbaren Rechtsscheinstatbeständen, die den guten Glauben an das Bestehen einer Vertretungsmacht schützen (z.B. §§ 170-173 BGB, 15 HGB), wird somit für die Frage der Gutgläubigkeit konsequenterweise auf den Zeitpunkt der Vornahme[61] des rechtsgeschäftlichen Handelns des Vertreters abgestellt, nicht auf die Vollendung des Rechtserwerbs.[62]

Nach meiner Auffassung muss dasselbe trotz des an sich dagegen sprechenden Verweises des § 899a BGB auf § 892 Abs. 2 BGB auch im Fall der §§ 892, 899a BGB gelten, damit die Regelung in das System des Stellvertretungsrechts passt.[63] Bei der Anwendung auf der schuldrechtlichen Ebene ist dies wohl sogar zwingend, da es dort eine »Vollendung des Rechtserwerbs« gar nicht geben kann: Der Tatbestand des schuldrechtlichen Rechtsgeschäfts ist bereits mit seinem Abschluss beendet. Auf der dinglichen Ebene muss wegen der stellvertretungsrechtlichen Grundsätze dasselbe gelten; allerdings kann hier, z.B. bei einer zurückgestellten Auflassung, eine Vorverlegung des Zeitpunkts durch Vormerkungserwerb stattfinden und § 892 Abs. 2 Alt. 2 BGB hätte zumindest klarstellende Bedeutung. Es kommt also grundsätzlich auf die Kenntnis des Erwerbers im Zeitpunkt der Vornahme des Abschlusses des schuldrechtlichen Rechtsgeschäfts bzw. des dinglichen Verfügungsgeschäfts an. Spätere Kenntniserlangung schadet jeweils nicht mehr.

Entsprechendes müsste dann übrigens auch für den Zeitpunkt der Unrichtigkeit des Grundbuchs selbst[64] gelten.

j) Hinzuweisen ist noch darauf, dass § 892 BGB in direkter Anwendung und §§ 892, 899a BGB zusammentreffen können, wenn z.B. die buchmäßigen Gesellschafter namens einer nur buchberechtigten GbR über ein Gesellschaftsgrundstück verfügen, obwohl tatsächlich noch weitere Gesellschafter vorhanden sind und der GbR das Grundstück materiellrechtlich nicht gehört.

k) Zuletzt bleibt zu erwähnen, dass § 899a S. 2 BGB auch auf § 893 BGB verweist, so dass z.B. eine Zahlung des Eigentümers auf eine GbR-Grundschuld zu Händen der eingetragenen Gesellschafter schuldtilgend wirkt, auch wenn diese z.B. wegen eines Gesellschafterwechsels an sich nicht vertretungs- und damit empfangsberechtigt waren.

60 Palandt/*Heinrichs*, BGB, 69. Aufl. 2010, § 177 Rn. 1 a.E.; streitig ist dort nur, ob ein Wegfall bis zum Wirksamwerden der Willenserklärung, also i.d.R. dem Zugang, schadet.

61 Hier ist es aber richtigerweise das Wirksamwerden durch Zugang.

62 Palandt/*Heinrichs* (Fn. 60), § 173 Rn. 2 a.E. m.w.N.; *Baumbach/Hopt*, HGB, 34. Aufl. 2010, § 15 Rn. 10.

63 A.A. *Bestelmeyer*, Rpfleger 2010, 169, 190.

64 Palandt/*Bassenge* (Fn. 24), § 892, Rn. 9.

IV. Behandlung von Änderungen im Gesellschafterbestand einer eingetragenen GbR

Ändert sich der Gesellschafterbestand einer gemäß § 47 Abs. 2 S. 1 GBO im Grundbuch unter Nennung ihrer Gesellschafter eingetragenen GbR, etwa aufgrund der Abtretung eines Gesellschaftsanteils, stellt sich natürlich die Frage, ob das Grundbuch dann im Sinne des § 894 BGB unrichtig wird, ob die Eintragung berichtigt werden muss und wie diese Berichtigung zu geschehen hat. Da bei der rechtsfähigen GbR die Angabe der Gesellschafter ja eigentlich zunächst nur Identifizierungszwecken dient und sich eine Änderung im Gesellschafterbestand auf die Person des Berechtigten selbst, der GbR, nicht auswirken würde, war hierzu die Einfügung besonderer gesetzlicher Vorschriften notwendig, sowohl im materiellen Recht wie auch im Verfahrensrecht.

1. Unrichtigkeit des Grundbuchs

Die entscheidende Bedeutung des neuen § 899a BGB liegt darin, dass er materiellrechtlich die gemäß § 47 Abs. 2 S. 1 GBO erfolgte Eintragung der Gesellschafter wieder zum Inhalt des Grundbuchs im Rechtssinne macht, zu dem sie nach bislang h.M. nicht mehr gehörte.[65] Das Grundbuch verlautbart also jetzt nicht nur mehr den Berechtigten selbst, sondern auch etwas über ihn,[66] nämlich über seine Gesellschafter und damit mittelbar deren Vertretungsbefugnis nach §§ 714, 709 Abs. 1 BGB. Damit führen Änderungen im Gesellschafterbestand wieder zu einer echten Grundbuchunrichtigkeit im Sinne des § 894 BGB, wie sich aus der Verweisung in § 899a S. 2 BGB deutlich ergibt.

Im Beispielsfall der Abtretung eines GbR-Gesellschaftsanteils durch einen Gesellschafter stünde daher dem Zessionar des Anteils ein Anspruch auf Berichtigung des Grundbuchs aus §§ 894, 899a S. 2 BGB zu. Auch die Nebenansprüche nach §§ 895-897 BGB sowie der Ausschluss der Verjährbarkeit der Ansprüche nach § 898 BGB sind nach § 899a S. 2 BGB bei Unrichtigkeit des Gesellschafterbestands wieder anwendbar. Schließlich ist die Eintragung eines Widerspruchs nach §§ 899, 899a S. 2 BGB gegen die Richtigkeit des eingetragenen Gesellschafterbestands wieder möglich, um einen gutgläubigen Erwerb von den eingetragenen Gesellschaftern nach §§ 892, 899a S. 2 BGB zu vermeiden. Daher spricht auch nichts gegen die von Ruhwinkel[67] vorgeschlagene Widerspruchslösung zur Sicherung des Erwerbers eines GbR-Anteils vor Verfügungen der GbR unter Mitwirkung des Veräußerers über

65 BGHZ 179, 102 = DNotZ 2009, 115, 117, KEHE/*Dümig* (Fn. 7), Einl B Rn. 62 m.w.N.; *Lautner*, NotBZ 2009, 77, 81; *ders.*, 2007, 229, 235; *Böhringer*, NotBZ 2009, 86, 89 f.; *Böttcher*, ZNotP 2009, 42, 45; a.A. z.B.: *Schöner/Stöber* (Fn. 7), Rn. 982a.

66 Formulierung in Anlehnung an KEHE/*Dümig* (Fn. 7), Einl B Rn. 66.

67 MittBayNot 2009, 421, 425 f.; a.A. *Bestelmeyer*, Rpfleger 2010, 169, 189, der aber verkennt, dass es nicht um den Schutz vor Verfügungen über den Gesellschaftsanteil, sondern über das Grundstück geht.

das GbR-Grundstück. Denn bei einem bewilligten Widerspruch ist die Grundbuchunrichtigkeit vom Grundbuchamt nicht zu prüfen.[68] Im Übrigen kann im einzelnen hierfür auf die Rechtsprechung und Literatur verwiesen werden, die unter Geltung der traditionellen Gesamthandslehre zu Berichtigungen des Grundbuchs aufgrund Gesellschafterwechsels bei einer grundbesitzenden GbR ergangen ist.

2. Verfahrensrechtliche Behandlung von Änderungen des Gesellschafterbestands

a) Zur verfahrensrechtlichen Umsetzung dieser »wiederhergestellten« materiellen Rechtslage ordnet der Gesetzgeber im neuen § 47 Abs. 2 S. 2 GBO konsequent an, dass die für den Berechtigten geltenden Vorschriften der GBO entsprechend für die Gesellschafter gelten sollen.[69] Mit anderen Worten: Zur Eintragung von Grundbuchberichtigungen aufgrund eingetretener Veränderungen im Bestand der nach § 47 Abs. 2 S. 1 GBO im Grundbuch vermerkten Gesellschafter einer GbR bedarf es grundbuchverfahrensrechtlich derselben Voraussetzungen wie zur Berichtigung aufgrund außergrundbuchlich eingetretener Veränderungen in den Personen mehrerer gemeinschaftlich Berechtigter, z.B. einer Erbengemeinschaft. Im Ergebnis soll daher insoweit die frühere Rechtslage wiederhergestellt werden, wie sie unter Geltung der traditionellen Gesamthandslehre bestand.[70] Damit können Änderungen im Gesellschafterbestand nicht einfach mehr als Richtigstellung tatsächlicher Angaben von Amts wegen ohne formale Nachweise im Grundbuch vorgenommen werden.[71] Zur Berichtigung des Grundbuchs hinsichtlich der eingetragenen Gesellschafter bedarf es also wieder entweder der Eintragungsbewilligung der Betroffenen, §§ 19, 22 Abs. 1 S. 1, 47 Abs. 2 S. 2 GBO, gegebenenfalls mit Zustimmung des gewinnenden Teils, § 22 Abs. 2, 47 Abs. 2 S. 2 GBO, oder der Vorlage eines Unrichtigkeitsnachweises, §§ 22 Abs. 1 S. 1, 47 Abs. 2 S. 2 GBO, und zwar sämtlich in der Form des § 29 Abs. 1 GBO. Auch ein Antrag ist zur Berichtigung wieder erforderlich, §§ 13, 47 Abs. 2 S. 2 GBO. Diesbezüglich kann zur Klärung von Einzelfragen erneut auf die Rechtsprechung und Literatur verwiesen werden, die dazu unter Geltung der traditionellen Gesamthandslehre ergangen ist.

b) Kurzer näherer Betrachtung bedarf darüber hinaus meines Erachtens nur die Frage, wer bei der Eintragung eines Gesellschafterwechsels aufgrund Berichtigungsbewilligung nunmehr bewilligungsberechtigt ist, die eingetragenen Gesell-

68 Palandt/*Bassenge* (Fn. 24), § 899 Rn. 4.

69 Darin erschöpft sich m.E. der Anwendungsbereich der Vorschrift; bei der Ersteintragung der GbR hat sie dagegen keine Bedeutung (Fn. 32).

70 BT-Drucks. 16/13437, S. 28; s. hierzu im Einzelnen nur *Schöner/Stöber* (Fn. 7), Rn. 982b ff. m.w.N.

71 So aber zur bis zum Inkrafttreten der gesetzlichen Neuregelung bestehenden Rechtslage OLG Zweibrücken, Beschl. v. 28. 8. 2008 – 3 W 68/08, Rpfleger 2009, 17; *Lautner*, NotBZ 2009, 77, 81; *ders.*, 2007, 229, 235; *Böhringer*, NotBZ 2009, 86, 89 f.; *Böttcher*, ZNotP 2009, 42, 45.

schafter oder die eingetragene GbR selbst, vertreten durch ihre Gesellschafter. Im Allgemeinen ist bei einer Berichtigungsbewilligung der Buchberechtigte bewilligungsberechtigt.[72] Fraglich ist daher, wer als Buchberechtigter im Fall der nach § 47 Abs. 2 S. 2 GBO angeordneten entsprechenden Anwendung der §§ 19, 22 Abs. 1 GBO anzusehen ist. Nach meiner Auffassung müssten dies wie unter Geltung der traditionellen Gesamthandslehre nur die bisher im Grundbuch eingetragenen Gesellschafter sein. Denn Veränderungen in der Zusammensetzung der Gesellschafter berühren die GbR in ihrem Bestand grundsätzlich nicht. Sie betreffen lediglich die Gesellschaftsvertrags- und damit die Gesellschafterebene, nicht aber die Gesellschaftsebene. Die GbR selbst wird allenfalls mittelbar betroffen, weil sich aufgrund der Änderungen bei den Gesellschaftern auch die Personen derjenigen verändern können, die für die GbR vertretungsbefugt sind. Insoweit handelt es sich aber um einen bloßen Rechtsreflex, nicht etwa um ein mittelbares Betroffensein, das die Bewilligung der Gesellschaft selbst notwendig machen würde[73]. Grundbuchverfahrensrechtlich wird die Frage allerdings kaum praktisch werden, da die im Grundbuch eingetragenen »buchberechtigten« Gesellschafter aufgrund der vom Grundbuchamt zu beachtenden Vermutung des § 899a S. 1 BGB auch als gemeinsam vertretungsberechtigt (§§ 714, 709 Abs. 1 BGB) für die Gesellschaft gelten. Eine Rolle spielt die Frage allerdings für die Wahl des richtigen Anspruchsgegners – und damit für die Passivlegitimation im Prozess – im Rahmen des Berichtigungsanspruchs nach § 894 BGB, da richtiger Anspruchsgegner derjenige ist, dessen Bewilligung zur Grundbuchberichtigung benötigt wird.[74]

c) Von *Bestelmeyer*[75] wird in diesem Zusammenhang neuerdings eingewandt, die Vermutung des § 899a S. 1 BGB sei für Grundbuchberichtigungen bei Änderungen des Gesellschafterbestands gar nicht anwendbar, weil sie ja nur für Verfügungen über das eingetragene Recht selbst gelte, nicht etwa für Verfügungen über die Anteile der eingetragenen Gesellschafter. Das Grundbuchamt könne sich somit nicht darauf stützen, dass die eingetragenen Gesellschafter bewilligungsberechtigt seien. Dem kann ich nicht folgen. Abgesehen davon, dass diese Auslegung dem gesetzgeberischen Willen und dem Zweck des Gesetzes eklatant zuwiderlaufen würde, kommt es auf § 899a S. 1 BGB in diesem Zusammenhang gar nicht an. Denn bewilligungsberechtigt ist und bleibt, wie oben ausgeführt, der Buchberechtigte, wenn es um die Eintragung des wahren Berechtigten geht.[76] Außerdem würde diese Auffassung zu dem nicht hinnehmbaren Ergebnis führen, dass die Gesellschafter den gutgläubigen Erwerb eines Dritten aufgrund Handelns eines an der Gesellschaft nicht mehr beteiligten, aber eingetragenen, Gesellschafters praktisch nicht mehr durch Berichtigung des Grundbuchs verhindern könnten, wenn das Grundbuchamt mangels

72 BayObLG DNotZ 1988, 781, Bauer/v. Oefele/*Kohler*, GBO, 2. Aufl. 2006, § 22 Rn. 15.
73 S. hierzu: Bauer/v. Oefele/*Kössinger*, GBO, 2. Aufl. 2006, § 19 Rn. 252 ff.
74 Palandt/*Bassenge* (Fn. 24), § 894 Rn. 7.
75 Rpfleger 2010, 169, 185 f.
76 *Demharter* (Fn. 25), § 22 Rn. 32, § 19 Rn. 47.

Nachweises der Bewilligungsberechtigung die Grundbuchberichtigung verweigern könnte.

d) Bei Änderungen des Gesellschafterbestands gilt nun auch wieder[77] der Voreintragungsgrundsatz, §§ 39 Abs. 1, 47 Abs. 2 S. 2 GBO. Treten also z.B. A, B und D als gemeinsam vertretungsberechtigte Gesellschafter bei der Veräußerung eines Grundstücks einer GbR, bestehend aus A, B und C auf, muss das Grundbuch zunächst auf D als Gesellschafter berichtigt werden, bevor die Auflassung an den Erwerber im Grundbuch eingetragen werden kann. Voreingetragen werden müssen aber im Fall mehrfacher Veränderungen des Gesellschafterbestands entgegen einer Entscheidung des OLG München[78] nicht etwa auch ehemalige, zwischenzeitlich beteiligte Gesellschafter, da anderenfalls etwas nunmehr erwiesenermaßen Unrichtiges im Grundbuch eingetragen werden müsste, sondern es muss nur unmittelbar auf den »letzten Stand« berichtigt werden, um § 39 Abs. 1 GBO zu genügen.[79]

e) Nach dem neuen § 82 S. 3 GBO kann das Grundbuchamt schließlich bei als Eigentümer eingetragenen Gesellschaften bürgerlichen Rechts die Grundbuchberichtigung bei den eingetragenen Gesellschaftern erzwingen; insoweit kann wiederum auf Rechtsprechung und Literatur zu § 82 GBO a.F. verwiesen werden.

V. Die Neueintragung einer GbR im Grundbuch – Erwerb von Grundstückseigentum und dinglichen Rechten durch eine GbR

1. Die Bezeichnung der GbR im Grundbuch

a) Soll unter Geltung des neuen Rechts eine Gesellschaft bürgerlichen Rechts als Eigentümerin oder Berechtigte eines Rechts an einem Grundstück im Grundbuch eingetragen werden, ergibt sich aus § 47 Abs. 2 S. 1 GBO zunächst, dass sie selbst als Rechtsinhaberin im Grundbuch einzutragen ist. Nicht nur unrichtig, sondern nach meiner Auffassung sogar inhaltlich unzulässig im Sinne von § 53 Abs. 1 S. 2 GBO[80] wäre es also, den Eintragungsvermerk künftig wieder in der traditionellen Weise zu fassen (»A, B, C als Gesellschafter bürgerlichen Rechts«). Denn diese Eintragung würde ja ein Berechtigungsverhältnis ausweisen, das es so nach der jetzt geltenden

77 Auch das war zuletzt nicht mehr der Fall, *Lautner*, NotBZ 2007, 229, 235; *ders.*, MittBayNot 2006, 497, 498 f.; *Böhringer*, NotBZ 2009, 86, 89f.; *Böttcher*, ZNotP 2009, 42, 45.

78 Beschl. v. 27. 4. 2006 – 32 Wx 067/06, MittBayNot 2006, 496.

79 *Lautner*, MittBayNot 2006, 497, 500 f.; *Rebhan*, NotBZ 2009, 445, 446.

80 Denkbar wäre allenfalls eine Umdeutung einer solchen Eintragung, auf die man sich aber nicht verlassen sollte, vgl. Bauer/v. Oefele/*Meincke*, GBO, 2. Aufl. 2006, § 53 Rn. 27 m.w.N.

Rechtsordnung nicht mehr geben kann.[81] Aus der Eintragung muss vielmehr eindeutig die Rechtsinhaberschaft der Gesellschaft selbst hervorgehen. Der Gesetzgeber selbst schlägt hierzu in der Gesetzesbegründung die vom BGH übernommene und auch nach meinem Dafürhalten richtige Formulierung »Gesellschaft bürgerlichen Rechts, bestehend aus A, B, C« vor.
b) § 47 Abs. 2 S. 1 GBO schreibt neben der Eintragung der Gesellschaft als Berechtigte auch die der Gesellschafter vor. Einzutragen sind, insoweit ist der Wortlaut der Vorschrift eindeutig, dabei stets sämtliche Gesellschafter der GbR, nicht etwa nur die vertretungsberechtigten.[82] Dies gilt selbstverständlich auch für eine Publikums-GbR, was sicherlich die Kritik derjenigen Autoren hervorrufen wird, die gerade mit Blick auf solche Gesellschaften die GbR nur mit Namen und Sitz im Grundbuch eingetragen sehen wollten[83].

Beachtlich ist, dass der Gesetzgeber § 47 Abs. 2 S. 1 GBO als zwingend ausgestaltet. Durch die Formulierung des 2. Halbsatzes »so *sind* [Hervorhebung durch Verf.] auch deren Gesellschafter im Grundbuch einzutragen«, wird deutlich, dass er – anders als etwa bei der Angabe des Berechtigungsverhältnisses bei gemeinschaftlichen Rechten nach § 47 Abs. 1 GBO – diese Neuregelung nicht nur als formale Ordnungsvorschrift ansieht, deren Verletzung keinen Einfluss auf die Wirksamkeit der Eintragung hätte. Die Neueintragung einer GbR nur mit Namen und Sitz ohne jede Angabe ihrer Gesellschafter[84] führt folglich nicht nur zur Unvollständigkeit oder Unrichtigkeit des Grundbuchs, sondern zur inhaltlichen Unzulässigkeit der Eintragung, die den Rechtserwerb der GbR verhindert[85] und vom Grundbuchamt im Wege der Amtslöschung gemäß § 53 Abs. 1 S. 2 GBO beseitigt werden kann.[86] Als bloße Unrichtigkeit des Grundbuchs im Sinne der §§ 892 ff., 899a BGB ist dagegen der Fall zu beurteilen, dass das Grundbuchamt abweichend von Eintragungsbewilligung und -antrag versehentlich nicht alle dort bezeichneten Gesellschafter einträgt.

c) Die Bezeichnung der Gesellschafter im Grundbuch hat nach dem neuen § 15 Abs. 1 lit. c) GBV in gleicher Weise zu geschehen wie die Bezeichnung von Berechtigten im Grundbuch. Natürliche Personen als Gesellschafter sind daher gemäß § 15 Abs. 1 lit. a) GBV in der Regel mit Namen und Geburtsdatum, juristische Personen und registrierte Personengesellschaften gemäß § 15 Abs. 1 lit. b) GBV unter

81 KEHE/*Eickmann*, Grundbuchrecht, 6. Aufl. 2006, § 53 GBO Rn. 14 ff. m.w.N.; KEHE/*Dümig* (Fn. 7), Einl B Rn. 65, hält allerdings die Teilnahme nicht rechtsfähiger GbR am Grundstücksverkehr noch für möglich. Diese Auffassung dürfte aber durch die gesetzliche Neuregelung, die insoweit nicht differenziert, überholt sein; a.A. wohl *Steffek*, ZIP 2009, 1445, 1448.

82 Entgegen BGHZ 179, 102 = DNotZ 2009, 115, 120, bei namenstragenden GbR.

83 Namentlich *K. Wagner*, ZNotP 2006, 408; zu Recht krit. *Ruhwinkel*, MittBayNot 2007, 92, 96.

84 Dem gleichstehen dürfte die ausdrückliche Angabe nur der vertretungsberechtigten Gesellschafter.

85 Palandt/*Bassenge* (Fn. 24), § 873 Rn. 13.

86 Palandt/*Bassenge* (Fn. 24), Rn. 2; a.A. *Demharter* (Fn. 25), § 47 Rn. 38, bloß unrichtige Bezeichnung des Berechtigten.

Angabe von Firma bzw. Name und Sitz in das Grundbuch einzutragen. Nicht ausdrücklich geregelt ist in § 15 Abs. 1 lit. c) GBV der Fall, wie eine GbR im Grundbuch zu bezeichnen ist, die ihrerseits Gesellschafterin einer als Berechtigte eingetragenen GbR ist[87] und daher in ihrer Eigenschaft als Gesellschafterin der letztgenannten GbR, nicht als Berechtigte des dinglichen Rechts selbst, eingetragen werden muss. Nach dem Normzweck des § 47 Abs. 2 S. 1 GBO, Identitätszweifel bei im Grundbuch eingetragenen Gesellschaften bürgerlichen Rechts zu vermeiden und eine Grundlage für den öffentlichen Glauben des Grundbuchs in Bezug auf die Person der Gesellschafter und deren Vertretungsmacht zu schaffen, und der Bestimmung des § 47 Abs. 2 S. 2 GBO, wonach die für den Berechtigten geltenden Vorschriften, also wohl auch die §§ 47 Abs. 2 S. 1 GBO und 15 Abs. 1. lit c) GBV, auf die Gesellschafter entsprechende Anwendung finden, ist die Gesellschafter-GbR in gleicher Weise im Grundbuch einzutragen wie die berechtigte GbR selbst.[88] Fraglich ist, ob § 899a BGB dann auch für die Vertretungsbefugnis und die Existenz bei der Gesellschafter-GbR gilt; bei enger Auslegung der Formulierung »in Ansehung des eingetragenen Rechts« müsste man dies wohl verneinen.[89] Ich halte es vom Zweck der Vorschrift her jedoch für unbedingt geboten, § 899a BGB insoweit zumindest analog anzuwenden.

d) Einigermaßen erstaunlich finde angesichts der gesetzgeberischen Grundentscheidung für die Immobiliarrechtsfähigkeit der GbR allerdings, dass nach § 15 Abs. 1 lit. c) letzter Halbs. GBV bei namenstragenden GbR die Eintragung von Namen und Sitz im Grundbuch neben der Eintragung der Gesellschafter als bloß fakultativ vorgesehen ist, also offenbar in das Ermessen des Grundbuchamts gestellt wird. Der Gesetzgeber verlautbart hierzu in der Gesetzesbegründung, dass er die Angabe der Gesellschafter als zur Identifizierung der Gesellschaft ausreichend ansehe; verbleibende, lediglich abstrakte Identitätszweifel würden grundbuchverfahrensrechtlich auch bei anderen Rechtsträgern ausgeblendet.[90] Das kann angesichts der in der Praxis nicht selten vorkommenden Fälle, in denen ein- und dieselben Gesellschafter mehrere Gesellschaften bürgerlichen Rechts haben, nicht befriedigen.[91] Der öffentliche Glaube des Grundbuchs hilft nämlich mangels Grundbuchunrichtigkeit nicht, wenn die Gesellschafter namens der falschen Gesellschaft über das Grundstück der eingetragenen GbR verfügen.[92] Schon aus diesem Grund und als Konsequenz des Antragsgrundsatzes[93] muss sich nach meiner Auffassung das Ermessen des Grundbuchamts zur Miteintragung von Namen und Sitz der Gesellschaft dann auf Null re-

87 Was ohne weiteres möglich ist BGH, Urt. v. 2. 10. 1997 – II ZR 249/96, NJW 1998, 376; Palandt/*Sprau* (Fn. 27), § 705 Rn. 24a.

88 Ebenso *Steffek*, ZIP 2009, 1445, 1447.

89 So *Bestelmeyer*, Rpfleger 2010, 169, 176 f.

90 BT-Drucks. 16/13437, S. 30.

91 Zumal solche Fälle deutlich häufiger vorkommen dürften als die einer vollständigen Gleichheit von Namen und Geburtsdatum bei natürlichen Personen.

92 Palandt/*Bassenge* (Fn. 24), § 892 Rn. 3.

93 KEHE/*Herrmann*, Grundbuchrecht, 6. Aufl. 2006, § 13 GBO Rn. 6.

duzieren, wenn die Gesellschafter deren Eintragung ausdrücklich beantragen.[94] Dies gilt umso mehr, als der Gesetzgeber selbst den geringen zusätzlichen Aufwand dieser Eintragung betont. Das »können« in § 15 Abs. 1 lit. c) letzter Halbs. GBV ist also richtigerweise so zu verstehen, dass Name und Sitz der GbR nicht zwingender Bestandteil der Eintragung zu sein brauchen, zumal eine GbR ja keinen Namen führen muss. Das Grundbuchamt kann deswegen den Beteiligten das Nachholen dieser Angaben nicht im Wege der Zwischenverfügung aufgeben und das Unterlassen dieser Angaben im Grundbuch hat keinen Einfluss auf die Wirksamkeit oder die Richtigkeit der Eintragung der GbR.

2. Folgen für den Inhalt von Eintragungsbewilligung und Eintragungsantrag

Soll eine GbR unter Geltung des neuen Rechts als Berechtigte in das Grundbuch eingetragen werden, muss sie nunmehr bereits nach allgemeinen Grundsätzen[95] in der Eintragungsbewilligung nach § 19 GBO und im – in der Regel darauf Bezug nehmenden – Eintragungsantrag nach § 13 GBO so bezeichnet werden, wie sie nach §§ 47 Abs. 2 S. 1 GBO, 15 Abs. 1 lit. c) GBV im Grundbuch einzutragen ist, also insbesondere unter Angabe ihrer sämtlichen Gesellschafter. Fehlt es völlig an der Angabe von Gesellschaftern in der Bewilligung oder sind ausdrücklich nur die vertretungsberechtigten Gesellschafter angegeben, ist der darauf gestützte Eintragungsantrag zurückzuweisen, da die Bewilligung dann angesichts des zwingenden Charakters von § 47 Abs. 2 S. 1 GBO fehlerhaft ist und nicht mit rückwirkender Kraft geheilt werden kann,[96] sodass eine bloße Zwischenverfügung nicht in Betracht kommt. Sind dagegen in der Bewilligung zwar Gesellschafter genannt, sind aber die dort genannten Gesellschafter im Vergleich zur materiellen Rechtslage entweder nicht vollzählig oder nicht richtig angegeben, so ist dies vom Grundbuchamt grundsätzlich nicht weiter nachzuprüfen, es sei denn, die Angaben in den Eintragungsunterlagen sind in sich widersprüchlich oder es bestehen aufgrund konkreter Anhaltspunkte berechtigte Zweifel an der Richtigkeit der gemachten Angaben.[97] Dies ist Ausfluss des formellen Konsensprinzips. Folge ist dann nur die Grundbuchunrichtigkeit im Sinne der §§ 892 ff., 899a S. 2 BGB, nicht etwa die inhaltliche Unzulässigkeit der auf die Bewilligung gestützten Eintragung. Außerdem ist bei der Bezeichnung der GbR darauf zu achten, dass die Bewilligung hinsichtlich der erwerbenden Gesellschaft so bestimmt sein muss, dass deren Identität als unverwechselbares Rechtssubjekt feststeht.[98]

94 Ebenso *Langenfeld*, ZEV 2010, 17, 22; ähnlich *Steffek*, ZIP 2009, 1445, 1447f.; a.A. *Bestelmeyer*, RPfleger 2010, 169, 173.

95 KEHE/*Munzig*, Grundbuchrecht, 6. Aufl. 2006, § 19 GBO Rn. 40; § 47 Abs. 2 S. 2 GBO muss m.E. hierfür nicht herangezogen werden.

96 KEHE/*Herrmann* (Fn. 93), § 18 Rn. 27.

97 KEHE/*Munzig* (Fn. 95), § 19 Rn. 209; KEHE/*Dümig* (Fn. 7), Einl C, Rn. 66.

98 OLG München, DNotZ 2010, 299.

3. Folgen für die Bezeichnung der GbR in der Auflassung

Aus dem zuvor Gesagten ergibt sich zunächst, dass eine nach §§ 20, 47 Abs. 2 S. 1 GBO verfahrensrechtlich verwendbare Auflassung (bzw. Einigung über Bestellung, Inhaltsänderung oder Übertragung eines Erbbaurechts) auch die Angabe der Gesellschafter einer das Eigentum an einem Grundstück erwerbenden GbR und die bestimmte Bezeichnung der erwerbenden GbR erfordert. Fraglich ist jedoch, ob die Angabe der Gesellschafter nunmehr zudem materiellrechtlich zwingender Bestandteil der Auflassung an eine GbR sein muss mit der Folge, dass deren Fehlen zur Unwirksamkeit der Auflassung führen würde. Nach h.M. gehört bei der Auflassung an mehrere Berechtigte bekanntermaßen die Angabe des Gemeinschaftsverhältnisses im Sinne von § 47 Abs. 1 GBO zum materiellrechtlich notwendigen Inhalt der Auflassung.[99] Diese Auffassung kann jedoch auf den Fall des Erwerbs durch eine rechtsfähige GbR nicht übertragen werden. Denn maßgebliches Argument der h.M. ist im Fall mehrerer Erwerber ja, dass es kein Gemeinschaftseigentum schlechthin gebe und deshalb die Angabe eines konkreten Gemeinschaftsverhältnisses zur Herbeiführung des Eigentumsübergangs erforderlich sei.[100] Auf die GbR trifft dies von vorneherein nicht zu, da deren Erwerb zum Alleineigentum feststeht und die Mitgliedschaft der Gesellschafter materiellrechtlich hierfür keine Rolle spielt. Materiellrechtlich ist insoweit nur von Bedeutung, ob die die Auflassung namens der GbR entgegennehmenden Gesellschafter diese dabei wirksam vertreten können. Eine Auflassung an eine GbR ohne Angabe der Gesellschafter ist daher materiellrechtlich wirksam.

Zweifelhaft erscheint dagegen auf den ersten Blick die Wirksamkeit einer Auflassung, die unter Geltung des neuen Rechts in traditioneller Weise an die Gesellschafter (»A, B, C, als Gesellschafter bürgerlichen Rechts«) erklärt wird. In umgekehrter Anwendung der Rechtsauffassung des BayObLG[101] könnte man nämlich auf die Idee kommen, eine solche Auflassung sei, ohne auslegungs- oder umdeutungsfähig zu sein, unwirksam, weil sie an einen falschen Berechtigten, und zwar sogar an einen nicht (mehr) grundbuchfähigen Berechtigten erfolge. Für mich ist jedoch wie schon im damaligen umgekehrten Fall des BayObLG kein Grund ersichtlich, warum nicht zumindest eine Umdeutung (§ 140 BGB) einer so erklärten Auflassung in eine Auflassung an die GbR selbst möglich sein sollte.[102] Dennoch sollte diese überholte Bezeichnungsweise künftig tunlichst vermieden werden.

99 BayObLGZ 1983, 118; *Schöner/Stöber* (Fn. 7), Rn. 3311; Palandt/*Bassenge* (Fn. 24), § 925 Rn. 16; KEHE/*Munzig* (Fn. 95), § 20 Rn. 75.

100 KEHE/*Munzig* (Fn. 95), a.a.O.

101 Beschl. v. 4. 9. 2003 – 2 Z BR 162/03, DNotZ 2004, 378 = MittBayNot 2004, 201 mit Anm. *Weigl*.

102 So zum Beschluss des BayObLG i.E. auch: *Weigl*, a.a.O.

4. Die erwerbende GbR – Nachweise im Grundbuchverfahren

Die Nachweisfragen beim Erwerb von Grundstücken und beschränkt dinglichen Rechten durch eine rechtsfähige GbR regeln die neuen Vorschriften nicht. § 899a BGB hilft insoweit wegen der Beschränkung seiner Reichweite auf das eingetragene Recht selbst dann nicht, wenn die Gesellschaft schon anderweitig im Grundbuch eingetragen ist.[103] In den Erwerbsfällen finden daher die allgemeinen Bestimmungen und Grundsätze des Grundbuchverfahrensrechts Anwendung, insbesondere die §§ 19, 20 und 29 GBO.

a) Unterscheidung formelles oder materielles Konsensprinzip

Zur Frage des Umfangs der Prüfungspflicht von Notar und Grundbuchamt bei Rechtsgeschäften mit einer GbR auf Erwerberseite wird unstreitig entsprechend allgemeiner grundbuchrechtlicher Verfahrensgrundsätze unterschieden, ob Eintragungen unter Geltung des formellen Konsensprinzips (§ 19 GBO) oder des materiellen Konsensprinzips (§ 20 GBO) erfolgen sollen.[104] Besonders deutlich zeigen dies die Ausführungen des 2. Zivilsenats des OLG Schleswig[105], in dem es um die Eintragung einer Auflassungsvormerkung für eine GbR ging. Zu Recht stellt das Gericht dort zunächst klar, dass bei der Eintragung der Vormerkung, verfahrensrechtlich ein Fall des § 19 GBO, hinsichtlich der Person des Erwerbers vom Grundbuchamt ohne besondere Anhaltspunkte keine weiteren Nachforschungen anzustellen sind und insbesondere auch nicht die Vorlage eines Gesellschaftsvertrags verlangt werden kann. Anschließend weist es aber das Grundbuchamt konsequent darauf hin, dass das bei der der Eintragung der Auflassungsvormerkung nachfolgenden Eigentumsumschreibung anders zu sehen sein wird. Denn dann gilt § 20 GBO, sodass nach allgemeinen Regeln[106] vom Grundbuchamt Existenz und Identität der erwerbenden Gesellschaft und die Vertretungsberechtigung der Handelnden zu prüfen sind.[107] Und die Vermutung des § 899a BGB gilt, wie das Gericht richtig feststellt, trotz Eintragung der GbR auf demselben Grundbuchblatt als Berechtigte der Auflassungsvormerkung nicht für die nachfolgende Eintragung ihres Eigentumserwerbs, da die Eintragung

103 OLG Schleswig, DNotZ 2010, 296 = NotBZ 2010, 113; OLG München, Beschl. v. 20. 7. 2010 – 34 Wx 063/10 (noch nicht veröffentl.); *Lautner*, DNotZ 2009, 650, 659, 660 f.; *Bestelmeyer*, Rpfleger 2010, 169, 178; *Rebhan*, NotBZ 2009, 445, 450; *Krauß*, notar 2009, 429, 436; a.A. *Hertel*, DAI-Skript „Aktuelle Probleme der notariellen Vertragsgestaltung im Immobilienrecht 2009/2010“, S. 24 f.

104 *Bestelmeyer*, Rpfleger 2010, 169, 177; *Lautner*, DNotZ 2009, 650, 657 ff.; *Wicke*, GWR 2009, 336, 337; *Böhringer*, Rpfleger 2009, 537, 540; *Böttcher*, ZfIR 2009, 613, 617 f.

105 DNotZ 2010, 296.

106 Bauer/v. Oefele/*Kössinger* (Fn. 73), § 20 Rn. 186, 188; KEHE/*Munzig* (Fn. 95), § 20 Rn. 1.

107 *Lautner*, DNotZ 2009, 650, 657 ff.; *Bestelmeyer*, Rpfleger 2010, 169, 177 f.; *Böttcher*, ZNotP 2010, 173, 176; *ders.*, ZfIR 2009, 613, 618; *Wicke*, GWR 2009, 336, 337.

der Eigentumsumschreibung eben nicht in »Ansehung des eingetragenen Rechts«, also der Vormerkung, erfolgt.[108]

b) Der Anwendungsbereich des § 19 GBO

Das Grundbuchamt braucht und darf also im Anwendungsbereich des § 19 GBO im Normalfall nicht prüfen, ob die in der Eintragungsbewilligung bezeichnete GbR existiert, tatsächlich aus den dort bezeichneten Gesellschaftern besteht und diese daher zu deren Vertretung berechtigt sind.[109] Es ist lediglich eine abstrakte Plausibilitätskontrolle vorzunehmen.[110] Nur wenn aufgrund konkreter, dem Grundbuchamt bekannter Tatsachen ein Erwerb der in der Bewilligung bezeichneten GbR nicht in Betracht kommt, weil diese nicht existiert oder jedenfalls nicht aus den angegebenen Gesellschaftern besteht, darf das Grundbuchamt die Eintragung ablehnen. Dies gilt natürlich entsprechend auch für den Notar, sofern er lediglich die Eintragungsbewilligung des Betroffenen beurkundet. Namentlich *Bestelmeyer*[111] kritisiert dieses Ergebnis, weil damit ungeprüft ein Gesellschafterbestand ins Grundbuch gelange, an den später zu Lasten der materiell berechtigten GbR ein gutgläubiger Erwerb anknüpfen könne. Nur ist dies eben wie auch sonst Folge des formellen Konsensprinzips, mit dem das Gesetz im Interesse einer Erleichterung des Grundbuchverfahrens die Gefahr eines materiellrechtlich unrichtigen Grundbuchs in Kauf nimmt.[112] Und wenn der Gesetzgeber mit den §§ 47 Abs. 2 GBO, 899a BGB die Eintragung der Gesellschafter (wieder) zum Grundbuchinhalt macht, obwohl diese Eintragung nicht den Berechtigten selbst verlautbart, sondern dessen Gesellschafterbestand, gilt das eben auch für die vom Betroffenen in der Eintragungsbewilligung bezeichneten Gesellschafter. Eine »Situation, (...) die im Immobilienrecht ihresgleichen sucht«[113], ist das aus meiner Sicht deshalb nicht. Zuzugeben ist allerdings, dass bei den registrierten Personengesellschaften (OHG, KG, PartG) eine vergleichbare Situation, nämlich dass durch eine der Gesellschaft u.U. gar nicht zurechenbare Erklärung eines Dritten[114] Gesellschafter fälschlich ins Register gelangen und daran ein gutgläubiger Erwerb anknüpft, nicht eintreten könnte. Denn deren vertretungsberechtigte Gesellschafter können bekanntermaßen nur aufgrund einer Anmeldung aller Gesellschafter selbst, §§ 108, 161 Abs. 2 HGB, 4 Abs. 1 S. 1 PartGG, in das Handels- bzw. Partnerschaftsregister eingetragen werden, nicht aufgrund von Ver-

108 DNotZ 2010, 296; ebenso OLG München, Beschl. v. 20. 7. 2010 – 34 Wx 063/10 (noch nicht veröffentl.).

109 *Böhringer*, Rpfleger 2009, 537, 540; *Böttcher*, ZfIR 2009, 613, 617 f.; *Lautner*, DNotZ 2009, 650, 660.

110 *Böhringer*, Rpfleger 2009, 537, 540.

111 Rpfleger 2010, 169, 177.

112 KEHE/*Munzig* (Fn. 95), § 19 Rn. 6; Bauer/v. Oefele/*Kössinger* (Fn. 73), § 19 Rn. 6, 9.

113 *Bestelmeyer*, Rpfleger 2010, 169, 177.

114 Darin liegt aus meiner Sicht das Problem, nicht darin, dass die GbR bestimmt, welche Gesellschafter im Grundbuch eingetragen werden, wie *Bestelmeyer* meint, Rpfleger 2010, 169, 177.

fahrenserklärungen eines wie auch immer betroffenen Dritten. Allerdings halte ich diese auf den Besonderheiten des Grundbuchverfahrensrechts beruhende Diskrepanz deshalb für hinnehmbar, weil durch die §§ 47 Abs. 2 GBO, 899a BGB das Grundbuch nach dem erklärten Willen des Gesetzgebers gerade nicht zu einem allgemeinen Gesellschaftsregister für die GbR werden sollte[115] und auch nicht geworden ist. Die Folgen eines etwaigen gutgläubigen Erwerbs für die berechtigte GbR aufgrund des Handelns in Wahrheit nicht an der Gesellschaft beteiligter Personen beschränken sich somit allenfalls auf den Verlust des konkreten Rechts, das für die GbR eingetragen wurde. Darüber hinausgehende Konsequenzen für etwaige weitere Rechtsgeschäfte der fälschlich eingetragenen Gesellschafter dieser GbR mit für die Gesellschaft unkalkulierbaren Haftungsrisiken, wie sie bei den registrierten Personengesellschaften gemäß §§ 15 Abs. 3 HGB, 5 Abs. 2 PartGG eintreten könnten, sodass die h.M.[116] die Reichweite dieser Vorschriften zu Recht durch das Erfordernis der Zurechenbarkeit einschränkt, gibt es für die GbR nicht.

c) Der Anwendungsbereich des § 20 GBO

Da demgegenüber unter Geltung des materiellen Konsensprinzips des § 20 GBO die Einigung dem Grundbuchamt in der Form des § 29 GBO so nachgewiesen werden muss, wie sie sachlichrechtlich zur Herbeiführung der Rechtsänderung notwendig ist,[117] sind, wie oben bereits ausgeführt, eben auch die Existenz und die Identität der erwerbenden Gesellschaft sowie die Vertretungsberechtigung der für sie Handelnden in dieser Form[118] dem Grundbuchamt – und wegen §§ 12, 17 BeurkG ebenso dem Notar – nachzuweisen. Das stellen in neueren Entscheidungen richtigerweise sowohl das OLG München[119] und das OLG Saarbrücken[120] als auch schon zuvor das OLG Schleswig[121] ausdrücklich klar.

(1) Entbehrlichkeit des Nachweises wegen § 47 Abs. 2 S. 2 GBO?

§ 47 Abs. 2 S. 2 GBO, der die für den Berechtigten geltenden Vorschriften der GBO als auf die einzutragenden Gesellschafter entsprechend anwendbar erklärt, befreit

115 BT-Drucks. 16/13437, S. 30.
116 *Baumbach/Hopt* (Fn. 62), § 15 Rn. 19 m.w.N.
117 *Demharter* (Fn. 25), § 20 Rn. 14, 38.
118 Die Anwendbarkeit des § 29 GBO wurde auch vom BGH in seiner Entscheidung vom 4 .12. 2008 nicht in Frage gestellt, BGHZ 179, 102 = DNotZ 2009, 115.
119 Beschl. v. 5. 2. 2010 – 34 Wx 116/09, DNotZ 2010, 299 mit Anm. *Ruhwinkel*; jetzt auch Beschl. v. 20. 7. 2010 – 34 Wx 063/10 (noch nicht veröffentl.).
120 Beschl. v. 26. 2. 2010 – 5 W 371/09, DNotZ 2010, 301 mit Anm. *Ruhwinkel*.
121 DNotZ 2010, 296; jetzt auch OLG Nürnberg, Beschl. v. 8. 4. 2010 – 10 W 277/10 (noch nicht veröffentl.).

hiervon nicht.[122] Die Bedeutung dieser Vorschrift besteht nicht darin, dass sie die Gesellschafter verfahrensrechtlich wieder zu »Quasiberechtigten« erklären und damit die alte Rechtslage vor Anerkennung der Rechtsfähigkeit der GbR wieder herstellen würde. Berechtigt ist und bleibt nach Wortlaut und Sinn der gesetzlichen Neuregelung und entsprechend dem gesetzgeberischen Willen allein die GbR. Der Zweck der Vorschrift liegt vielmehr darin, für den zur Identifizierung der berechtigten GbR und zum Nachweis der Vertretungsmacht gemäß § 47 Abs. 2 S. 1 GBO im Grundbuch einzutragenden Zusatzinhalt »Gesellschafterbestand« und die hiermit verbundene neue beschränkt registerliche Funktion[123] des Grundbuchs die Verfahrensbestimmungen des Grundbuchrechts zur Anwendung zu bringen. Die Rechtsverhältnisse der erwerbenden GbR selbst müssen daher trotz § 47 Abs. 2 S. 2 GBO nach allgemeinen Regeln nachgewiesen werden, genauso wie etwa die einer OHG.

(2) Entbehrlichkeit des Nachweises aus materiellrechtlichen Gründen?

Neuerdings wird allerdings von *Weimer* bestritten,[124] dass bei einer erwerbenden GbR, die im Zeitpunkt des Erwerbs nach Angabe der für sie Handelnden bereits bestanden hatte, auch die Identität der erwerbenden Gesellschaft mit einer früher gegründeten zu prüfen sei. Letztlich wird von ihm damit argumentiert, dass materiellrechtlich immer entweder irgendeine GbR der als ihre Gesellschafter handelnden Personen als erwerbende Gesellschaft bereits besteht oder jedenfalls aufgrund konkludenter Neugründung durch die als ihre Gesellschafter handelnden Personen in der Erwerbsurkunde zur Entstehung kommt und es daher, wenn und weil die Vertretungsberechtigung der Handelnden und die Existenz (irgend-)einer GbR damit nachgewiesen sei, auf Identitätsfragen (»Ist diese GbR mit einer früher gegründeten identisch?«) aus Sicht des Verfahrensrechts gar nicht ankomme.[125] Die Prämissen dieser Ansicht sind jedoch weder aus Sicht des materiellen Rechts noch aus der des Grundbuchverfahrensrechts richtig.

(a) Zum einen liegt schon nicht in jedem Auftreten von Personen mit der Behauptung, für eine zwischen ihnen bereits bestehende Gesellschaft bürgerlichen Rechts ein Grundstück erwerben zu wollen, die konkludente Neugründung einer GbR, falls die behauptete GbR bislang nicht existiert hat.[126] Denn wie will man beispielsweise einer Erklärung: »Wir kaufen und erwerben für die aus uns bestehende GbR namens X mit dem Sitz in Y, gegründet durch Vertrag vom 1. 1. 2010.« nach allgemeinen

122 So aber *Hertel* (Fn. 103), S. 19.
123 *Lautner*, DNotZ 2009, 650, 652.
124 *Weimer*, NotBZ 2010, 17, 31; *ders.*, NZG 2010, 335.
125 *Weimer*, NotBZ 2010, 27, 31.
126 *Lautner*, DNotZ 2009, 650, 661; *Bestelmeyer*, Rpfleger 2010, 169, 182 f.; jetzt auch OLG Nürnberg, Beschl. v. 8. 4. 2010 – 10 W 277/10 (noch nicht veröffentl.).

Auslegungsregeln aus der Sicht eines sorgfältigen Erklärungsempfängers, §§ 133, 157 BGB, den Erklärungswert beimessen »Wir gründen eine andere GbR namens X mit dem Sitz in Y heute neu.«? Meines Erachtens fehlt es in einem solchen Fall schon an einem diesbezüglichen, für den objektiven Tatbestand einer Willenserklärung zwingend notwendigen, erkennbaren Rechtsbindungswillen[127] der Gesellschafter. Denn diese wollen in Bezug auf die GbR ersichtlich nur insoweit eine Willenserklärung, und zwar gegenüber dem Verkäufer, abgeben, als sie damit im Rahmen der zum Zustandekommen von Kaufvertrag und Auflassung erforderlichen Willenserklärungen die von ihnen vertretene Gesellschaft als Vertragspartei bezeichnen, § 164 Abs. 1 BGB, während im Verhältnis zueinander ein auf Neuabschluss eines Gesellschaftsvertrags gerichteter Verpflichtungswille offensichtlich fehlt. Erklärungsempfänger der Willenserklärungen, die den Gesellschaftsvertrag zustande bringen sollen, sind ja fraglos die jeweils anderen Gesellschafter und nicht, wie *Weimer*[128] meint, der Verkäufer des Grundstücks. Es mag ja sein, dass dem Verkäufer egal ist, welche aus den Handelnden bestehende GbR sein Grundstück kauft.[129] Für die Gesellschafter, und auf deren Empfängerhorizont kommt es materiellrechtlich hierfür einzig an, gilt das aber sicher nicht. Ihnen hier im Zweifel immer die konkludente Gründung einer Neu-GbR zu unterstellen, ist daher schon auf materiellrechtlicher Ebene mit allgemeinen Auslegungsgrundsätzen nicht vereinbar. Mit einem geheimen Vorbehalt im Sinne des § 116 BGB lässt sich genauso wenig argumentieren.[130] Ein solcher setzt nämlich ebenfalls das Vorliegen des objektiven Tatbestands einer Willenserklärung, in diesem Fall: gerichtet auf den Abschluss eines Gesellschaftsvertrags, voraus.[131]

Denkbar wäre materiellrechtlich, wenn überhaupt, allenfalls die Annahme einer konkludenten rechtsgeschäftlichen Bestätigung eines Gesellschaftsvertrags i.S.d. § 141 BGB,[132] die vom Gesetz gemäß § 141 Abs. 1 BGB als Neuvornahme unter erleichterten Voraussetzungen[133] behandelt wird. Eine solche würde aber erfordern, dass vor der Beurkundung des Erwerbsvertrags eine, wenn auch nichtige, Willenseinigung zwischen den Handelnden über den Gesellschaftsvertrag überhaupt zustande gekommen ist,[134] sodass sie ins Leere geht, wenn es an einer Einigung zwischen den für die GbR Handelnden bisher völlig fehlte. Doch auch wenn ein nichtiger Gesellschaftsvertrag bereits abgeschlossen war, verlangt die h.M. für eine Bestätigung einen Bestätigungswillen in der Weise, dass bei den Beteiligten zumindest erkennbare

127 MünchKomm/*Kramer*, BGB, 5. Aufl. 2006, Vorbem. zu §§ 116 ff., Rn. 9.

128 NotBZ 2010, 27, 30.

129 Wobei auch das schon zweifelhaft ist: Es ist dem Verkäufer trotz persönlicher Haftung der Gesellschafter wohl nicht gleichgültig, ob z.B. eine renommierte Anwaltssozietät mit entsprechendem Betriebs- und damit Haftungsvermögen oder irgendeine ad hoc gegründete vermögenslose Objekt-GbR sein Grundstück kauft!

130 So aber: *Ruhwinkel*, MittBayNot 2009, 177, 179; *Weimer*, NotBZ 2010, 27, 30.

131 BeckOK-BGB/Wendtland, Ed. 16 (1. 2. 2010), § 116 Rn. 2.

132 Vgl. *Krauß*, notar 2009, 429, 437.

133 MünchKomm/*Busche*, BGB, 5. Aufl. 2006, § 141 Rn. 1.

134 Palandt/*Ellenberger*, BGB, 69. Aufl. 2010, § 141 Rn. 3.

Zweifel an der Wirksamkeit des ursprünglichen Rechtsgeschäfts bestehen müssen.[135] Ohne solche erkennbare Zweifel wenigstens eines der Gesellschafter kommt eine konkludente Bestätigung nicht in Betracht. In den hier fraglichen Fällen werden die Gesellschafter aber in aller Regel nicht an der Wirksamkeit ihres Gesellschaftsvertrags zweifeln. Materiellrechtlich ist es daher keineswegs so, dass jedes Auftreten mehrerer Personen mit der Behauptung, für eine zwischen ihnen bereits bestehende GbR erwerben zu wollen, eine GbR neu entstehen lässt, wenn diese bislang nicht existierte.

(b) Zum anderen ist es aber eben auch grundbuchverfahrensrechtlich nicht gleichgültig, welche aus den Handelnden bestehende GbR ein Grundstück erwirbt. Das OLG München hat in seinem Beschluss vom 5. 2. 2010[136] genau dies deutlich gemacht. Denn es stellt zu Recht klar, dass unabhängig von der Frage des Nachweises im Grundbuchverfahren jedenfalls die Auflassungserklärung selbst für Grundbuchzwecke hinsichtlich der erwerbenden Gesellschaft so bestimmt sein muss, dass deren Identität als unverwechselbares Rechtssubjekt feststeht.[137] Dieser allgemeine, aus dem Bestimmtheitsgebot folgende Grundsatz,[138] der natürlich auch für Eintragungsbewilligung und Eintragungsantrag gilt, zwingt bei Gesellschaften bürgerlichen Rechts dazu, diese in der Erwerbsurkunde über die bloße Angabe ihrer Gesellschafter hinaus so genau zu bezeichnen, dass sie unverwechselbar identifiziert werden können. Ein- und dieselben Beteiligten können schließlich mehrere Gesellschaften bürgerlichen Rechts haben. Die erforderliche Bestimmtheit der Bezeichnung kann durch Angabe von Name und Sitz der Gesellschaft (vgl. § 15 Abs. 1 lit. c) GBV) geschehen, aber auch, wie das OLG München ausführt, durch die Angabe der Daten der Gründung der Gesellschaft. Richtig ist ferner die Feststellung des Gerichts, dass es dem Grundbuchamt nicht hilft, dass die auf Erwerberseite Handelnden selbst wissen, für welche GbR sie erwerben wollen. Denn insoweit gelten die Grundsätze für die Auslegung von Grundbucherklärungen. Dabei ist auf Wortlaut und Sinn der Erklärung abzustellen, wie er sich für einen unbefangenen Betrachter als nächstliegende Bedeutung der Erklärung ergibt; außerhalb der Eintragungsbewilligung liegende Umstände dürfen zur Auslegung nur insoweit herangezogen werden, als sie für jedermann ohne weiteres erkennbar sind. Auf das, was die Bewilligenden gewollt haben, kommt es nicht an.[139] Damit scheitert auch grundbuchverfahrensrechtlich eine Auslegung oder Umdeutung der Grundbucherklärungen der für die GbR Handelnden dahingehend, dass diese für eine etwa konkludent neu gegründete GbR erwerben wollen. Wegen des Bestimmtheitsgrundsatzes kann

135 MünchKomm/*Busche* (Fn. 133), § 141 Rn. 14 m.w.N.

136 DNotZ 2010, 299.

137 *Demharter* (Fn. 25), Anhang zu § 13 Rn. 5; Bauer/v. Oefele/*Kössinger* (Fn. 73), § 19 Rn. 66.

138 BeckOK-GBO/*Reetz*, Ed. 8, 1. 1. 2010, § 13 GBO Rn. 43; *Demharter* (Fn. 25), Anhang zu § 13 Rn. 5; *Schöner*/*Stöber* (Fn. 7), Rn. 18.

139 BayObLG, Beschl. v. 14. 8. 2002 – 2 Z BR 66/02, Rpfleger 2002, 619 = DNotZ 2002, 950 f.; OLG Naumburg, Beschl. v. 15. 7. 2003 – 11 Wx 6/03, FGPrax 2004, 202, 203; *Demharter* (Fn. 25), § 19 Rn. 28.

es also verfahrensrechtlich gerade nicht offenbleiben, welche GbR erwerben soll, eine, die es (angeblich) bereits gibt oder eine ad hoc neu gegründete. Die Feststellung der Identität bleibt somit weder Notar noch Grundbuchamt erspart.

(3) Nachweis durch Geständniserklärungen der Gesellschafter?

Wie nun der notwendige Nachweis von Existenz, Identität und Vertretungsberechtigung unter Geltung des § 20 GBO in Form des § 29 Abs. 1 GBO erbracht werden kann, wenn ein Grundstück für eine bereits bestehende GbR erworben werden soll, ist nach wie vor sehr umstritten. Das OLG Schleswig[140] brauchte dazu allerdings mangels Verfahrensrelevanz nicht Stellung zu nehmen und das OLG München[141] tat es nicht, weil es ja schon die Auflassung selbst hinsichtlich der Person des Erwerbers als für Grundbuchzwecke nicht ausreichend bestimmt ansah. Lediglich das OLG Saarbrücken[142] entschied die Frage und folgte der – zweifellos praxisfreundlichen – Auffassung[143], dass die bloße Angabe der Gesellschafter in der notariellen Erwerbsurkunde, für eine zwischen ihnen bestehende bestimmte GbR erwerben zu wollen, den erforderlichen Nachweis erbringe. Es fragt sich, ob das so richtig sein kann.

Zur Begründung dieser Auffassung wurde bislang größtenteils materiellrechtlich argumentiert, nämlich mit der Auslegung der Erklärungen der für die GbR Handelnden als konkludente Neugründung einer GbR oder konkludente Bestätigung einer bestehenden GbR im Sinne des § 141 BGB.[144] Es wurde bereits oben nachgewiesen, dass dies in aller Regel nicht haltbar sein wird. Das OLG Saarbrücken dagegen macht sich diese Argumentation erst gar nicht zu eigen, sondern begründet seine Entscheidung mit der Annahme einer – von der rechtsgeschäftlichen Bestätigung im Sinne des § 141 Abs. 1 BGB streng zu unterscheidenden – konkludenten Tatsachenbestätigung im Sinne einer Geständniserklärung im Grundbuchverfahren. Es ist bereits seit langem im Grundbuchrecht allgemein anerkannt, dass über den eigentlich engeren Wortlaut des § 29 Abs. 1 S. 1 GBO hinaus zur Eintragung erforderliche Erklärungen auch dadurch nachgewiesen werden können, dass der Erklärende selbst die früher erfolgte Abgabe einer Erklärung oder Vornahme eines Rechtsgeschäfts in

140 DNotZ 2010, 296.

141 DNotZ 2010, 299.

142 DNotZ 2010, 301.

143 *Krauß*, Immobilienkaufverträge in der Praxis, 4. Aufl. 2007, Rn. 286; *Weimer*, NotBZ 2010, 27; *ders.*, NZG 2010, 335; *Ruhwinkel*, DNotZ 2010, 304, 305; *ders.*, MittBayNot 2009, 421, 424; *ders.*, MittBayNot 2009, 177, 179 f.; *Böhringer*, NotBZ 2009, 86, 88; *Böttcher*, ZNotP 2010, 173, 177; ders., ZfIR 2009, 613, 618; dagegen jetzt OLG Nürnberg, Beschl. v. 8. 4. 2010 - 10 W 277/10 (noch nicht veröffentl.); OLG München, Beschl. v. 27. 4. 2010 - 34 Wx 32/10 (noch nicht veröffentl.) und Beschl. v. 20. 7. 2010 - 34 Wx 063/10 (noch nicht veröffentl.).

144 *Weimer*, NotBZ 2010, 27; *Ruhwinkel*, MittBayNot 2009, 177, 179 f.; *Krauß*, notar 2009, 429, 437.

zumindest öffentlich beglaubigter Form zugesteht.[145] Das klassische Beispiel hierfür ist die in der Praxis häufige Vollmachtsbestätigung. Allerdings genügt eine solche Geständniserklärung als Nachweis nur, wenn keine Zweifel an der inhaltlichen Richtigkeit der Bestätigung bestehen und der Bestätigende im Zeitpunkt der Abgabe der Bestätigung noch die Rechtsmacht hatte, die bestätigte Handlung vorzunehmen.[146]

Dem OLG Saarbrücken ist zuzustimmen, soweit es in den Angaben der für die Gesellschaft Handelnden in der notariellen Erwerbsurkunde eine konkludente Zugeständniserklärung erkennt. Die oben angeführten Bedenken gegen die Annahme einer konkludenten Neugründung oder Bestätigung im Sinne des § 141 BGB greifen insoweit nicht, weil es hier nicht um Willenserklärungen, sondern um Wissenserklärungen der Gesellschafter geht. Dennoch halte ich die Auffassung des OLG Saarbrücken nicht für richtig. Denn die Frage, ob diejenigen, die die Bestätigungserklärung abgeben, die erforderliche Rechtsmacht dazu haben, also die vertretungsberechtigten Gesellschafter einer bestimmten existenten GbR sind, soll gerade erst durch die Bestätigungserklärung nachgewiesen werden.[147] Das unterscheidet diesen Fall von dem einer Vollmachtsbestätigung oder dem Fall des Nachweises des Eintritts einer Bedingung in Form einer Abtretung durch Zugeständnis der beiden an der Abtretung Beteiligten, wie ihn einst das BayObLG[148] entschieden hatte. Folgte man dem OLG Saarbrücken, so würde man bloße Behauptungen von Personen, deren Legitimation in keiner Weise geklärt ist, als Nachweis im Sinne des § 29 Abs. 1 S. 1 GBO akzeptieren. Das ließe sich aber mit dem Zweck des § 29 GBO, die Übereinstimmung des Grundbuchinhalts mit der materiellen Rechtslage insbesondere wegen der Gefahren eines späteren gutgläubigen Erwerbs sicherzustellen,[149] kaum noch vereinbaren. Im Übrigen könnte eine solche Geständniserklärung immer nur von allen (behaupteten) Gesellschaftern abgegeben werden, weshalb sie als Nachweis jedenfalls dann nicht in Betracht kommt, wenn für die Gesellschaft nicht alle Gesellschafter auftreten, sondern nur einzelne davon aufgrund organschaftlicher Vertretungsmacht gemäß dem Gesellschaftsvertrag oder aufgrund Vollmacht der Gesellschaft. Denn die organschaftliche Vertretungsmacht umfasst nicht die Abgabe von Erklärungen zum Bestand der Gesellschaft, weil diese die Grundlagen der Ge-

145 BGH, Beschl. v. 6. 3. 1959 – V ZB 3/59, BGHZ 29, 366 = NJW 1959, 883 m.w.N.; BayObLG, Beschl. v. 28. 6. 1984, BReg. 2 Z 43/84, MittBayNot 1984, 186; OLG Köln, Beschl. v. 17. 2. 1986 – 2 Wx 43/85, Rpfleger 1986, 298; Bauer/v. Oefele/*Schaub*, GBO, 2. Aufl. 2006, AT VII Rn. 73; *Demharter* (Fn. 25), § 29 Rn. 10; *Schöner/Stöber* (Fn. 7), Rn. 154, 3536.

146 BGHZ 29, 366 = NJW 1959, 883; OLG Köln, Rpfleger 1986, 298; *Demharter* (Fn 25), § 29 Rn. 10; *Schöner/Stöber* (Fn. 7), Rn. 3536 (Fn. 1418).

147 OLG München, Beschl. v. 20. 7. 2010 – 34 Wx 063/10 (noch nicht veröffentl.); *Bestelmeyer*, Rpfleger 2010, 169, 182; vgl. auch *Schubert*, ZNotP 2009, 178, 180, zur eidesstattlichen Versicherung; daher kann ich auch *Ruhwinkel*, DNotZ 2010, 304, 305 und *Böttcher*, ZNotP 2010, 173, 177 nicht folgen, wonach der Beweiswert dieser Erklärung genauso hoch sei wie der der ausdrücklichen Gründung der GbR im (oder unmittelbar vor dem) Erwerbsvertrag.

148 MittBayNot 1984, 186.

149 Bauer/v. Oefele/*Knothe*, GBO, 2. Aufl. 2006, § 29 Rn. 1; *Demharter* (Fn. 25), § 29 Rn. 2.

sellschaft betreffen. Und Vollmachten würden nur helfen, wenn darin die übrigen Gesellschafter die Handelnden auch im eigenen Namen zur Abgabe solcher Bestätigungserklärungen ermächtigt hätten. Eine bloße Geständniserklärung zum Bestand der Gesellschaft, den Gesellschaftern und deren Vertretungsbefugnis, und zwar gleich ob ausdrücklich oder konkludent, kann daher als Existenz-, Identitäts- und Vertretungsnachweis richtigerweise nicht genügen, so sehr mir bewusst ist, dass dies den Wünschen der Praxis enorm entgegenkäme.

(4) Nachweis durch eidesstattliche Versicherung?

Richtig ist allerdings, wenn das OLG Saarbrücken den Nachweis durch eidesstattliche Versicherung der Gesellschafter ablehnt, wie er zwischenzeitlich von etlichen Grundbuchämtern und einigen Beschwerdegerichten verlangt bzw. zugelassen wurde.[150] Denn die eidesstattliche Versicherung ist im Grundbuchverfahren wegen der grundsätzlichen Geltung der Beweismittelbeschränkung des § 29 GBO nur ganz ausnahmsweise als Nachweis zulässig[151] (v.a. gemäß § 35 Abs. 3 S. 2 GBO, 18 GBMaßnG). Ferner kommt der eidesstattlichen Versicherung überhaupt nur dann ein besonderer Beweiswert zu, wenn sie mit der Strafdrohung der §§ 156, 161 StGB belegt ist. Mangels ausdrücklicher gesetzlicher Zuständigkeit des Grundbuchamts zur Entgegennahme solcher Versicherungen fehlt es aber daran in den hiesigen Fällen.[152]

(5) Nachweis durch Gesellschaftsvertrag in Form des § 29 GBO?

Es bleibt der – vom OLG Saarbrücken allerdings ausdrücklich abgelehnte – Nachweis durch Vorlage eines öffentlich beglaubigten oder beurkundeten Gesellschaftsvertrags. Dagegen wird vom Gericht[153] ebenso wie in der Literatur[154] immer wieder eingewandt, der Gesellschaftsvertrag sage nichts über den Fortbestand der Gesellschaft und der Vertretungsmacht der darin aufgeführten Gesellschafter aus, da er nur die Verhältnisse im Zeitpunkt der Gründung der GbR wiedergebe und zwischenzeit-

150 Z.B. LG Traunstein, Beschl. v. 11. 5. 2009 – 4 T 1003/09, Rpfleger 2009, 448; LG Magdeburg, Beschl. v. 12. 5. 2009 – 3 T 265/09, NJW-RR 2009, 1528; so neuerdings aber auch (i.V.m. der Vorlage des Gesellschaftsvertrags) OLG Nürnberg, Beschl. v. 8. 4. 2010 – 10 W277/10 (noch nicht veröffentl.).

151 *Bestelmeyer*, Rpfleger 2010, 169, 181; *Ruhwinkel*, MittBayNot 2009, 177, 180; *Böttcher*, ZfIR 2009, 613, 618; s. auch *Schubert*, ZNotP 2009, 178, 180.

152 Hierzu ausführlich Bestelmeyer, Rpfleger 2010, 169, 181 f.

153 Das OLG München lässt die Frage in seinem Beschluss vom 5. 2. 2010, DNotZ 2010, 299, noch offen; aus der instanzgerichtlichen Rspr. z.B. LG Traunstein, Rpfleger 2009, 448.

154 *Bestelmeyer*, Rpfleger 2010, 169, 178 ff. m.w.N.; *Zimmer*, NZM 2009, 187, 188; *Böhringer*, NotBZ 2009, 86, 89; Krüger, NZG 2010, 801 806 f.

lich jederzeit formlos geändert worden sein könnte (aufgrund Gesellschafterwechsel usw.). Dies ist zweifellos richtig.

Dennoch halte ich nach wie vor[155] einen Gesellschaftsvertrag in der Form des § 29 Abs. 1 S. 1 GBO in der Regel für einen tauglichen, aber auch notwendigen Nachweis für Existenz und Identität[156] einer bereits bestehenden Gesellschaft und die Vertretungsbefugnis ihrer Gesellschafter. Und ohne konkrete Anhaltspunkte dafür, dass sich Veränderungen ergeben haben, können über einen vorgelegten Gesellschaftsvertrag hinaus keine weiteren Nachweise verlangt werden.[157] Letzterem neigt übrigens offenbar auch der V. Zivilsenat des BGH in seinem, allerdings den Fall eines Vollstreckungstitels betreffenden, Beschluss vom 4. 12. 2008[158] zu. Wenn dagegen vorgebracht wird, man behandle den Vertrag dann wie eine Vollmachtsurkunde und das verbiete sich anders als bei einer solchen deshalb, weil die Vollmachtsurkunde im Gegensatz zu einem Gesellschaftsvertrag etwas über das gegenwärtige Bestehen der Vertretungsmacht des Bevollmächtigten aussage,[159] ist dies nicht richtig. Denn auch, wenn der Bevollmächtigte die Vollmachtsurkunde besitzt, kann die Vollmacht nicht wirksam erteilt oder zwischenzeitlich widerrufen worden oder aber die Vollmachtsurkunde abhanden gekommen sein. Lediglich mit Rücksicht auf § 172 BGB und wegen der Unmöglichkeit, den Fortbestand der Vollmacht in der Form des § 29 GBO nachzuweisen, kann das Grundbuchamt nach allgemeiner Auffassung im Regelfall entsprechend allgemeiner Erfahrungssätze vom Bestehen der Vollmacht ausgehen, wenn der Bevollmächtigte im Besitz der Vollmachtsurkunde ist.[160] Gibt es aber Gründe für Zweifel, kann das Grundbuchamt sehr wohl auch bei Vorlage einer Vollmachtsurkunde weitere Nachweise verlangen.[161]

Nicht anders kann das meines Erachtens bei Vorlage des Gesellschaftsvertrags sein. Zum einen kommt diesem – nach allerdings bestrittener Auffassung – bei einer rechtsfähigen GbR ähnlich einer Vollmacht Rechtsscheinswirkung zu, und zwar für

155 *Lautner*, DNotZ 2009, 650, 658; *ders.*, NotBZ 2009, 77, 83 f.; so auch OLG Nürnberg, Beschl. v. 8. 4. 2010 – 10 W 277/10 (noch nicht veröffentl.); *Böttcher*, ZfIR 2009, 613, 618, 625; *Steffek*, ZIP 2009, 1445, 1450; *Wicke*, GWR 2009, 336, 337; a.A. wohl OLG München, Beschl. v. 20. 7.2010 – 34 Wx 063/10 (noch nicht veröffentl.).

156 Im Übrigen dürfte der bei – nicht nach – Beurkundung vorgelegte und der Urkunde gemäß § 12 S. 1 BeurkG beigefügte Gesellschaftsvertrag dazu führen, dass die Anforderungen des OLG München an die zur eindeutigen Identifizierung erforderliche Bestimmtheit der Bezeichnung der erwerbenden GbR sicher erfüllt sind.

157 *Böttcher*, ZNotP 2010, 173, 177; *ders.*, ZfIR 2009, 613, 625 f.; *Hertel*, DNotZ 2009, 121, 126 f.; *Lautner*, DNotZ 2009, 650, 659; *ders.*, NotBZ 2009, 77, 83 f.; *Ruhwinkel*, MittBayNot 2009, 421, 424; *ders.*, DNotZ 2010, 304, 306; *Steffek*, ZIP 2009, 1445, 1450; *Wicke*, GWR 2009, 336, 337; so jetzt auch OLG München, Beschl. v. 27. 4. 2010 – 34 Wx 32/10 (noch nicht veröffentl.).

158 BGHZ 179, 102 = DNotZ 2009, 115; *Steffek*, ZIP 2009, 1445, 1451 f.; *Lautner*, NotBZ 2009, 77, 83 f.; a.A. *Bestelmeyer*, Rpfleger 2010, 169, 179 f., die auf einen Vollstreckungstitel bezogenen Aussagen des BGH seien nicht übertragbar.

159 So aber *Bestelmeyer*, Rpfleger 2010, 169, 179.

160 Bauer/v. Oefele/*Knothe* (Fn. 149), § 29 Rn. 163 ff.; *Demharter* (Fn. 25), § 29 Rn. 65, § 19 Rn. 80.

161 *Demharter* (Fn. 25), § 19 Rn. 80 m.w.N.

die Existenz der Gesellschaft und die Vertretungsmacht der darin bezeichneten Gesellschafter,[162] sodass eine Gleichbehandlung mit den Vollmachten gerechtfertigt ist. Doch selbst wenn man dem nicht folgen will, so bleibt das Problem, dass es sich beim Fortbestand[163] von Gesellschaft und Vertretungsberechtigung (= Nichtauflösung der Gesellschaft, Nichtausscheiden bzw. Nichteintritt von Gesellschaftern, Nichtänderung des Gesellschaftsvertrags usw.) wie beim Fortbestand einer Vollmacht (= Nichtwiderruf) um eintragungshindernde, negative Tatsachen handelt, die nie in der Form des § 29 GBO nachgewiesen werden können. Das hat nichts mit der Umformulierung einer positiven, eintragungsbegründenden, Tatsache in eine negative zu tun,[164] sondern schlicht mit einem allgemeinen, beim Nachweis jeglicher Art von Vertretungsmacht im Grundbuchverfahren immer bestehenden Problem. Der von der Gegenauffassung angeführte Beschluss des KG vom 21. 10. 2008[165] steht dem nicht entgegen, da es dort um die Frage des Nachweises der ursprünglich wirksamen Erteilung einer Vollmacht ging, nicht um den Nachweis ihres Fortbestands.

Ohnehin kommt man nicht ohne den Gesellschaftsvertrag als Vertretungsnachweis aus, wenn nur einzelne Gesellschafter einer GbR unter Verweis auf eine entsprechende organschaftliche Vertretungsregelung im Gesellschaftsvertrag zur Beurkundung erscheinen und keine Vollmachten der Gesellschaft vorhanden sind.[166]

Schließlich spricht für die hiesige Auffassung die Gleichbehandlung der GbR mit im Grundbuch einzutragenden, insbesondere nicht registrierten, rechtsfähigen Auslandsgesellschaften, aber auch mit diversen deutschen nicht registrierten Rechtssubjekten, etwa Stiftungen bürgerlichen Rechts und rechtsfähigen Entitäten des öffentlichen Rechts, vor allem des Kirchenrechts.[167] Bei all diesen Rechtssubjekten fehlt streng genommen ein für Grundbuchzwecke tauglicher, mit den deutschen Registern oder wenigstens Vollmachtsurkunden vergleichbarer Vertretungsnachweis. Trotzdem werden sie im Grundbuch eingetragen. Die bloße Behauptung der Handelnden in der notariellen Erwerbsurkunde zu den Verhältnissen des erwerbenden Rechtssubjekts lässt man dabei als Existenz- und Vertretungsnachweis allerdings nicht genügen. Vielmehr wird als Nachweis das verlangt, was, je nachdem, um welches Rechtssubjekt es sich handelt, in Form des § 29 GBO jeweils überhaupt objektiv als Nachweis zur Verfügung gestellt werden kann. Das kann die Bescheinigung des Secretary einer Limited über deren Vertretungsverhältnisse oder die Vertretungsbescheinigung einer deutschen Stiftungsaufsichtsbehörde sein. Damit hat es

162 *Lautner*, DNotZ 2009, 650, 661 f. m.w.N.; ausführlich *ders.*, NotBZ 2007, 229, 233 f.

163 *Demharter* (Fn. 25), § 19 Rn. 80.

164 So aber: *Bestelmeyer*, Rpfleger 2010, 169, 180 f.

165 1 W 246/08 und 1 W 247/08, DNotZ 2009, 546.

166 Bauer/v. Oefele/*Schaub* (Fn. 145), AT VII Rn. 273; *Ruhwinkel*, DNotZ 2010, 304, 305; ebenso *Schöner/Stöber* (Fn. 7), Rn. 3635, wenn der Abschluss des Gesellschaftsvertrags erst kurz zurückliegt; a.A. *Zimmer*, NZM 2009, 187, 189; *Krauß*, notar 2009, 429, 437, wonach es in solchen Fällen stets der Vorlage von Vollmachten – ggf. neben dem Gesellschaftsvertrag – bedarf.

167 Vgl. *Lautner*, NotBZ 2009, 77, 84; im Ansatz ähnlich, wenn auch mit anderem Ergebnis *Hertel* (Fn. 103), S. 20 f.

dann aber im Normalfall, wenn also keine begründeten Zweifel des Grundbuchamts an der Richtigkeit der Nachweise bestehen, auch sein Bewenden. Konsequenterweise muss man dann meines Erachtens bei einer bereits existenten GbR in entsprechender Weise verfahren, d.h. den Gesellschaftsvertrag in Form des § 29 GBO als objektiv möglichen Nachweis verlangen, im Normalfall aber auch genügen lassen.

Das zwingt zwar die GbR-Gesellschafter, ihren Vertrag schriftlich abzuschließen und zumindest öffentlich beglaubigen zu lassen. Die Überlegung des OLG Saarbrücken,[168] wonach nach der Entscheidung des Gesetzgebers gegen ein GbR-Register fraglich sei, ob man im Grundbuchverfahren Nachweiserfordernisse aufstellen könne, die letztlich einen Formzwang für GbR-Gesellschaftsverträge begründen, ist dennoch verfehlt. Denn der Gesetzgeber wollte mit dem ERVGBG keinesfalls die allgemeinen Grundsätze des Grundbuchverfahrens über den Haufen werfen. Wie die vorstehenden Ausführungen gezeigt haben, geht es bei allen hier relevanten Fragen aber letztlich um die Anwendung genau dieser allgemeinen grundbuchverfahrensrechtlichen Grundsätze. Ein »Sonderrecht« der GbR sollte es insoweit über die neuen Vorschriften der §§ 47 Abs. 2 GBO, 899a BGB hinaus nicht geben. Zudem zwingt § 29 GBO nicht nur bei Gesellschaften bürgerlichen Rechts dazu, materiellrechtlich eigentlich formfreie Willenserklärungen zumindest öffentlich beglaubigt abzugeben, wie gerade der Fall der Vollmachten zeigt.

5. Hinweise für die Praxis

Da die Problematik also nach wie vor nicht geklärt ist, sollte die Praxis einstweilen wie folgt verfahren:

a) Ausdrückliche Neugründung im Erwerbsvertrag

Unstreitig ist ja der Nachweis von Existenz der Gesellschaft und Vertretungsberechtigung der für diese handelnden Gesellschafter in der Form des § 29 GBO erbracht, wenn diese die GbR in der notariellen Urkunde, die die Auflassung enthält, ausdrücklich gründen.[169] Identitätsfragen können sich dann naturgemäß nicht stellen.[170] Wann immer möglich, sollte der Notar daher auf eine solche ausdrückliche Grün-

168 Beschl. v. 26. 2. 2010 – 5 W 371/09, BeckRS 2010, 06446 (insoweit nicht abgedruckt in DNotZ 2010, 301).

169 *Bestelmeyer*, Rpfleger 2010, 169, 183; *Weimer*, NotBZ 2010, 27, 29; *Lautner*, DNotZ 2009, 650, 658; *ders.*, NotBZ 2009, 77, 83; *Böttcher*, ZfIR 2009, 613, 618; *ders*, ZNotP 2010, 173, 176; *Rebhan*, NotBZ 2009, 445, 450; jetzt auch OLG München, Beschl. v. 20. 7. 2010 – 34 Wx 063/10; ob eine – ggf. konkludente – Gründung in solchen Fällen materiellrechtlich eigentlich oft schon vor der notariellen Beurkundung erfolgt sein dürfte, wie *Weimer*, NotBZ 2010, 27, 29, meint, spielt dafür letztlich keine Rolle.

170 *Weimer*, NotBZ 2010, 27, 29; *Lautner*, DNotZ 2009, 650, 658.

dung in der notariellen Erwerbsurkunde hinwirken. Dies gilt auch dann, wenn tatsächlich bereits eine personenidentische GbR zwischen den Beteiligten existieren sollte, bei der der Nachweis von Existenz, Identität und Vertretungsberechtigung in der Form des § 29 GBO nicht möglich ist.[171] Zusätzliche Kosten löst das jedenfalls dann nicht aus, wenn sich der Inhalt des beurkundeten Gesellschaftsvertrags lediglich auf die gesetzlichen Regelungen beschränkt.[172] Diese Lösung funktioniert allerdings zunächst nicht, wenn nur einzelne Personen zur Beurkundung erscheinen, die als kraft Gesellschaftsvertrags oder aufgrund Vollmacht vertretungsberechtigte Gesellschafter für eine bereits existierende Gesellschaft auftreten, bei der nach ihrer Behauptung noch weitere Gesellschafter vorhanden sind. Hier fehlt es an jeglicher Rechtsmacht der Erschienenen, eine Gesellschaft auch namens der anderen Gesellschafter neu zu gründen. Deshalb sollte man die Erschienenen in einem solchen Fall bei der Gründung der Gesellschaft als vollmachtlose Vertreter handeln lassen und Genehmigungen der übrigen (behaupteten) Gesellschafter dazu einholen. Probleme mit diesem Verfahren gibt es auch, wenn die Auflassung, wie häufig etwa bei Bauträgerverträgen, bis zur vollständigen Kaufpreiszahlung zurückgestellt wird oder, bei einem Teilflächenverkauf, erst nach Vorliegen des Vermessungsergebnisses erklärt werden kann. Die explizite Neugründung im vorangehenden Kaufvertrag hilft hier unmittelbar für die vom Grundbuchamt zu prüfende Auflassung nichts. Und die nochmalige Gründung derselben GbR in der Auflassungsurkunde kommt denklogisch nicht in Betracht, allenfalls die einer neuen GbR, was aber dem Willen der auf Seiten der GbR Beteiligten eklatant widersprechen dürfte.[173] In solchen Fällen sollte man mit entsprechenden Auflassungsvollmachten der GbR im Kaufvertrag arbeiten, und zwar entweder an den Verkäufer oder an einzelne Gesellschafter der GbR. Dies gilt entsprechend für später zu bestellende Finanzierungsgrundschulden.[174]

Leider scheitert allerdings die ausdrückliche Neugründung als sicherste Lösung oft am entgegenstehenden Willen der Beteiligten oder an deren Steuerberater, wenn diese für eine bereits bestehende GbR erwerben wollen, wie ich selbst in meiner Praxis schon mehrfach feststellen musste. Dabei darf aber nicht vergessen werden, dass die Frage kein ausschließlich grundbuchverfahrensrechtliches Problem ist. Für den Verkäufer eines Grundstücks kann es vielmehr mit handfesten Nachteilen verbunden sein, wenn der Kauf für eine in Wirklichkeit nicht (mehr) existente GbR oder für eine existente GbR durch nicht vertretungsberechtigte Personen abgeschlossen wird und dadurch unwirksam ist.[175] Der Verkäufer hat dann zwar gegen die

171 *Bestelmeyer*, Rpfleger 2010, 169, 183; *Rebhan*, NotBZ 2009, 445, 450; dort jeweils auch zur Beseitigung des Nebeneinanderseins zweier Gesellschaften durch Anteilsübertragung.

172 Notarkasse A.d.ö.R., Streifzug durch die Kostenordnung, 8. Aufl. 2010, Rn. 1503.

173 Daher dürfte auch die von *Bestelmeyer*, Rpfleger 2010, 169, 184, vorgeschlagene Notgründung in der Praxis eher schwierig durchzusetzen sein.

174 Hierzu *Bestelmeyer*, Rpfleger 2010, 169, 184.

175 Wobei allerdings nach hier vertretener Auffassung (Fn. 162) viele dieser Fälle über die Anwendung allgemeiner Rechtsscheinsgrundsätze bzw. § 172 BGB analog auf die vorgelegte Gesellschaftsvertragsurkunde gelöst werden könnten.

Handelnden einen Anspruch aus § 179 BGB (ggf. in analoger Anwendung[176]). Doch hat er unter Umständen erhebliche Probleme, eine für die GbR zwischenzeitlich aufgrund seiner Bewilligung (§§ 885 Abs. 1 S. 1 Alt. 1 BGB, 19 GBO) eingetragene Vormerkung wieder aus dem Grundbuch herauszubekommen. Mit einer Löschungsvollmacht im Kaufvertrag oder Schubladenlöschungsbewilligung ist ihm dabei mangels Existenz der Gesellschaft bzw. Vertretungsberechtigung der Handelnden nicht geholfen. Damit läuft der den Verkäufer über diese Schwierigkeiten nicht belehrende Notar Gefahr, sich einer Schadensersatzhaftung auszusetzen, ähnlich wie bei der Eintragung einer Vormerkung für eine englische Limited ohne vorherigen Nachweis ihrer Existenz und Vertretungsverhältnisse.[177] Im Interesse des Verkäufers und im eigenen Interesse sollte daher der Notar auch gegenüber unwilligen Gesellschaftern auf einer expliziten Neugründung der erwerbenden GbR bestehen.

b) Ausdrückliche Bestätigung gemäß § 141 BGB?

Kommt dennoch die Neugründung der GbR als zweifellos sicherster Weg nicht in Betracht, weil die GbR nach Aussage der Beteiligten bereits existiert und sie für genau diese GbR erwerben wollen, ohne sich vom Notar umstimmen zu lassen, ist an eine ausdrückliche rechtsgeschäftliche Bestätigung des Gesellschaftsvertrags in der notariellen Erwerbsurkunde im Sinne des § 141 BGB zu denken. Wie allerdings oben bereits dargestellt, hilft diese materiellrechtlich nichts, wenn bislang überhaupt keine Willenseinigung vorliegt, sodass man hilfsweise für diesen Fall zugleich immer eine ausdrückliche Neugründung vereinbaren sollte. Diese Lösung erschien mir bislang vorzugswürdig. Allerdings könnte es damit jetzt Probleme aufgrund der vom OLG München aufgestellten Anforderungen an die Bestimmtheit der Bezeichnung der erwerbenden GbR in der Auflassung geben. Denn letztlich stünde in einem solchen Fall nie zur Überzeugung von Notar und Grundbuchamt fest, ob nun die behauptete früher gegründete GbR oder eine im Erwerbsvertrag durch Neugründung erst zustande gekommene GbR erwerben soll.

c) Alternativen?

Kommt eine explizite Neugründung nicht in Betracht und teilt man die vorstehenden Bedenken gegen die Bestätigungslösung, bleibt die Rechtslage vorerst leider weiterhin unsicher.

Grundbuchverfahrensrechtlich gilt dann: Auf den praxisfreundlichen Weg des OLG Saarbrücken würde ich mich derzeit noch nicht verlassen, zumal das OLG München erkennen lässt, dass es so einer »großzügigen« Auffassung nicht folgen

176 Bei nicht existenter Gesellschaft, Palandt/*Ellenberger* (Fn. 134), § 177 Rn. 3.
177 BGH, Urt. v. 27. 5. 1993 – IX ZR 66/92, NJW 1993, 2744.

wird. Ob die Grundbuchämter entsprechend der hier dargelegten Auffassung einen Gesellschaftsvertrag in Form des § 29 Abs. 1 S. 1 GBO als Vertretungsnachweis genügen lassen werden, ist ebenso ungewiss. Man wird wohl bis zu einer höchstrichterlichen Klärung nicht umhinkommen, im Einzelfall mit dem zuständigen Grundbuchrechtspfleger vorab zu klären, welcher Auffassung er folgen will.

Wegen der oben geschilderten materiellrechtlichen Risiken für den Verkäufer sollten aber in einem solchen Fall unbedingt notarielle Hinweise in die Erwerbsurkunde aufgenommen werden,[178] wonach der Notar mangels Register Existenz der GbR und Vertretungsberechtigung der Handelnden nicht sicher prüfen kann, sodass bei Unrichtigkeit der Angaben der Käuferseite die Gefahr der Unwirksamkeit von Kaufvertrag und Zwangsvollstreckungsunterwerfung besteht und Schwierigkeiten bei der Vormerkungslöschung auftreten können, wodurch die anderweitige Veräußerung des verkauften Grundbesitzes erheblich behindert werden kann.

VI. Die Behandlung der Altfälle

1. Altfälle im Verfahrensrecht

Verfahrensrechtlich ordnet Art. 229 § 21 EGBGB zunächst die Geltung der §§ 47 Abs. 2 S. 2, 82 S. 3 GBO auch für vor Inkrafttreten des Gesetzes bereits eingetragene Gesellschaften bürgerlichen Rechts an. Daher gilt:

a) Alteintragungen, die vor Inkrafttreten des Gesetzes in traditioneller Weise erfolgten (»A, B, C als Gesellschafter bürgerlichen Rechts«), bleiben weiterhin inhaltlich zulässig, obwohl sie die eigentlich berechtigte GbR selbst nicht nennen. Dies entspricht der bisherigen Rechtsprechung des BGH[179] und muss umso mehr auch deshalb gelten, als die inhaltliche Zulässigkeit einer Eintragung grundsätzlich auf der Grundlage des Rechts beurteilt wird, das im Zeitpunkt der Vornahme der Eintragung galt.[180] Der Gesetzgeber wollte insoweit eine Gefährdung erworbener Rechtspositionen gerade vermeiden,[181] wie sich aus dem fehlenden Verweis der Übergangsvorschrift des Art. 229 § 21 EGBGB auf § 47 Abs. 2 S. 1 GBO ergibt. Solche Alteintragungen sind daher mit dem BGH weiterhin dahingehend auszulegen, dass die bloße Eintragung der Gesellschafter als Berechtigte als Eintragung der Gesellschaft selbst anzusehen ist. Auch eine Berichtigung des Grundbuchs ist insoweit nicht erforderlich.

Änderungen im Gesellschafterbestand solcher Gesellschaften sind wie bei neu eingetragenen Gesellschaften zu behandeln, da § 47 Abs. 2 S. 2 GBO anzuwenden

178 Vgl. *Krauß*, notar 2009, 429, 437.
179 Beschl. v. 25. 9. 2006 – II ZR 218/05, NJW 2006, 3716.
180 Bauer/v. Oefele/*Meincke* (Fn. 80), § 53 Rn. 101.
181 BT-Drucks. 16/13437, S. 30.

ist. Die Vermutung des § 899a S. 1 BGB kommt den eingetragenen Gesellschaftern wie bei Neueintragungen zugute. Dies alles gilt übrigens genauso für alle anderen Eintragungsfassungen, unter denen Gesellschaften bürgerlichen Rechts insbesondere in den letzten Jahren bei Nennung aller, also nicht nur der vertretungsberechtigten, Gesellschafter im Grundbuch eingetragen wurden (z.B. »A, B, C in Gesellschaft bürgerlichen Rechts« oder »A, B, C als Gesellschaft bürgerlichen Rechts« oder »Gesellschaft bürgerlichen Rechts, bestehend aus A, B, C« usw.).

b) Wegen der fehlenden Verweisung in Art. 229 § 21 EGBGB auf § 47 Abs. 2 S. 1 GBO liegt auch in den Fällen, in denen vor Inkrafttreten des Gesetzes eine GbR nur mit Namen und Sitz in das Grundbuch eingetragen wurde, keine inhaltliche Unzulässigkeit vor. Diese Eintragungen sind und bleiben damit wirksam. Auch einen »Nachtragszwang« für die Gesellschafter sieht das Gesetz in derartigen Fällen nicht vor, was aus meiner Sicht jedoch wünschenswert gewesen wäre, um in absehbarer Zeit wieder klare Verhältnisse in den GbR-Grundbüchern zu schaffen. Für die notarielle Praxis ist allerdings zu raten, dass bei beabsichtigten Verfügungen durch eine solchermaßen eingetragene GbR auf den vorherigen »Nachtrag« der Gesellschafter hingewirkt wird, um den Schutz der §§ 892, 899a BGB zu erhalten. Wie dann dem Grundbuchamt die erforderlichen Nachweise zu erbringen sind, überlässt der Gesetzgeber allerdings bedauerlicherweise ausdrücklich der Praxis unter Hinweis auf mögliche Lockerungen der Anforderungen des § 29 GBO unter dem Gesichtspunkt der Beweisnot.[182] Zu den schwierigen und streitigen Einzelheiten muss hierzu auf die nach dem Beschluss des BGH vom 4. 12. 2008 ergangene grundbuchrechtliche Literatur verwiesen werden.[183] Man kann an dieser Stelle nur hoffen, dass angesichts des doch relativ kurzen Zeitraums, in dem die vom BGH gebilligte Auffassung Eingang in die Grundbuchpraxis fand, nicht allzu viele Neueintragungen von Gesellschaften bürgerlichen Rechts nur mit Namen und Sitz vorgenommen wurden.

c) Da Art. 229 § 21 EGBGB ausdrücklich nur für bei Inkrafttreten des Gesetzes bereits im Grundbuch eingetragene Gesellschaften gilt, ist das neue Recht auf laufende Eintragungsverfahren bereits voll anwendbar. Wurde also z.B. vor Inkrafttreten des Gesetzes die Eintragung einer GbR als Grundstückseigentümerin nur mit Namen und Sitz beantragt, jedoch noch nicht vollzogen, muss das Grundbuchamt wegen § 47 Abs. 2 S. 1 GBO den Eintragungsantrag jetzt zurückweisen.

182 BT-Drucks. 16/13437, S. 30.

183 Z.B. *Hertel*, DNotZ 2009, 121; *Böhringer*, NotBZ 2009, 86; *Lautner*, NotBZ 2009, 77; *Ruhwinkel*, MittBayNot 2009, 177; hierzu nunmehr OLG München, Beschl. v. 27. 4. 2010 – 34 Wx 32/10 (noch nicht veröffentl.), das den Nachtrag der Gesellschafter im Wege der Richtigstellung des Grundbuchs jedenfalls dann zulässt, wenn die GbR ad hoc in der Erwerbsurkunde gegründet wurde und keine Anhaltspunkte für zwischenzeitliche Änderungen des Gesellschafterbestands bestehen.

2. Die materiellrechtliche Behandlung von Alteintragungen

a) Materiellrechtlich muss man sich zunächst im Klaren darüber sein, dass der Gesetzgeber mit der Neuregelung nicht etwa die Immobiliarrechtsfähigkeit der GbR erstmals angeordnet, sondern lediglich die vom BGH anerkannte Rechtsfähigkeit nachvollzogen, sie also gesetzlich nachträglich als richtig bestätigt hat. Die Anerkennung der Rechtsfähigkeit der GbR durch den BGH bedeutete aber, dass damit sämtliche seit Inkrafttreten des BGH im Jahre 1900 gegründeten Gesellschaften bürgerlichen Rechts immobiliarrechtsfähig sind bzw. waren, auch wenn das bis zum 29. 1. 2001 niemandem auffallen konnte. Der BGH kann ja nicht Recht setzen, sondern nur den Inhalt gesetzten Rechtes erkennen. Die oben beschriebenen Folgen seiner Rechtsprechung, insbesondere hinsichtlich des teilweisen Verlusts der Publizität des Grundbuchs, konnten damit zumindest theoretisch auch längst abgeschlossene Vorgänge in der Vergangenheit betreffen mit der Folge, dass z.B. einem in der Vergangenheit geschehenen, nach damaligem Rechtsverständnis möglichen gutgläubigen Erwerb von einer GbR durch die Rechtsprechung des BGH nachträglich der Boden entzogen worden wäre. Dies hätte dazu geführt, dass der damalige Erwerber nicht Eigentümer geworden wäre,[184] sofern nicht zwischenzeitlich Buchersitzung eingetreten ist, § 900 BGB. Dem will der Gesetzgeber durch die ausweislich der Gesetzesbegründung rückwirkende Anordnung der Geltung des § 899a BGB begegnen. Hat also z.B. im Jahre 1995 eine traditionell eingetragene GbR ein Grundstück an einen gutgläubigen Erwerber aufgelassen und war der eingetragene Gesellschafterbestand unrichtig, so ist der gutgläubige Erwerb wenn nicht nach § 892 BGB, so doch jetzt rückwirkend nach §§ 892, 899a BGB gewährleistet. Mangels jeglichen entgegenstehenden schutzwürdigen Vertrauens der Beteiligten, insbesondere der GbR, halte ich dies für verfassungsmäßig zulässig. Denn hätte die GbR damals in Vorwegnahme der Rechtsprechung des BGH versucht, den Eigentumserwerb des Erwerbers zu bestreiten, wäre sie damit völlig aussichtslos vor Gericht gescheitert. Salopp gesagt tut diese Rückwirkung im Ergebnis niemandem weh; daher ist sie rechtsstaatlich hinzunehmen. Durch die gesetzliche Neuregelung werden also jegliche Rechtserwerbe in der Vergangenheit durch eine oder von einer GbR nicht beeinträchtigt.

b) Dagegen heilt das Gesetz solche Rechtsvorgänge nicht, bei denen eine zuletzt nur mit Namen und Sitz eingetragene Gesellschaft über Grundbesitz verfügt hat, deren Gesellschafter nicht vertretungsberechtigt waren. Dann fehlt es nämlich an einem Anknüpfungspunkt für § 899a BGB. Allenfalls andere Rechtsscheinstatbestände können in solchen Fällen helfen.

c) Schließlich stellt Art. 229 § 21 EGBGB klar, dass die durch § 899a BGB wiedergeschaffene Publizität des Grundbuchs auch für alle Altgesellschaften gilt, die unter

184 Eine solchermaßen verstandene Rechtsprechung des BGH dürfte allerdings mit Art. 14 GG und rechtsstaatlichen Grundsätzen nicht vereinbar sein.

Nennung ihrer Gesellschafter, in welcher Form auch immer (s. oben unter 1.a), im Grundbuch eingetragen sind.

Die »Wiederaufladung« der Vormerkung*

Professor Dr. Johannes Hager, München

I. Einleitung

Einige Entscheidungen aus den letzten Jahren haben auf dem eher statischen, wenngleich verglichen mit dem übrigen Sachenrecht durchaus dynamischen Feld der Vormerkung für erhebliche Unruhe gesorgt. Es geht – mit einem Schlagwort – um die Wiederverwendung von Vormerkungen, die bereits eingetragen sind, für neue, im Umfang aber identische Bewilligungen, aber auch um einen gegenüber der Ausgangsbewilligung erweiterten Sicherungsbereich.

- Im ersten Fall hatten die Parteien formgerecht einen Kaufvertrag geschlossen. Der Anspruch des Käufers auf Übereignung des Grundstücks war durch eine bewilligte und eingetragene Vormerkung gesichert. Die Beteiligten hoben den Kaufvertrag auf, schlossen aber alsbald einen neuen. Die Bewilligung erfolgte mit dem gleichen Inhalt; die Vormerkung sollte im Fall ihrer bereits erfolgten Eintragung aufgrund des zweiten Vertrags als fortbestehend gelten. Kurz darauf wurde zugunsten des Beklagten eine Höchstbetragshypothek eingetragen. Der Käufer verlangte mit seiner Klage die Einwilligung zur Löschung dieser Hypothek und bekam in allen drei Instanzen Recht.[1]
- Im nächsten Fall ging es um die – durch eine einstweilige Verfügung erzwungene – Vormerkung auf Eintragung einer Sicherungshypothek nach § 648 BGB. Der gesicherte Anspruch war in der Folgezeit beglichen worden. Der Unternehmer beantragte nunmehr die Bewilligung einer Sicherungshypothek im Rang der durch die einstweilige Verfügung erwirkten Vormerkung zur Sicherung von Ansprüchen, die im Zuge der Erbringung von weiteren Bauleistungen entstanden bzw. fällig geworden waren.[2] Der BGH wies die Klage ab, da der durch die Vormerkung erzielte Rang zur Eintragung einer Sicherungshypothek nur für den der Vormerkung zugrunde liegenden gesicherten Anspruch gelte. Eine andere

* Dieser Beitrag ist außerdem in der Festschrift für Kanzleiter (2010), Bengel, Limmer, Reimann, Deutsche Notarrechtliche Vereinigung e.V. [Hrsg.], S. 195 ff. erschienen.

1 BGHZ 143, 175, 176; bekräftigt von BGHZ 166, 74, 82 Tz. 24; BGH NJW 2008, 578, 579 f. Tz. 15 ff.; zust. Palandt/*Bassenge*, BGB, 69. Aufl. 2010, § 885 Rn. 16; Prütting/Wegen/Weinreich/*Huhn*, BGB, 4. Aufl. 2009, § 885 Rn. 8; *Vieweg/Werner*, Sachenrecht, 4. Aufl. 2010, § 14 Rn. 11; *Wolf/Wellenhofer*, Sachenrecht, 24. Aufl. 2008, Rn. 579; *Habersack*, Examens-Repetitorium Sachenrecht, 6. Aufl. 2010, Rn. 335a.

2 Aus dem Tatbestand des Urteils ist nicht ersichtlich, was die Motivation des Klägers war – insbesondere, ob nunmehr Zwischenverfügungen des Beklagten oder Zwangsvollstreckungsmaßnahmen gegen ihn in sein Grundstück vorgelegen hatten.

Sicht sei mit der strengen Akzessorietät der Vormerkung nicht vereinbar.[3] Die Entscheidung – obgleich relativ wenig beachtet – zeichnet paradigmatisch die richtige Lösung vor. Die Bewilligung kann der Eintragung nachfolgen; konstitutiv bleibt indes das Bestehen des Anspruchs.

- Der dritte Fall drehte sich um die Erweiterung der Sicherung von Rückübereignungsansprüchen. Die Parteien hatten eine vorweggenommene Erbfolge vereinbart. Die Erwerberin war zur Rückübereignung verpflichtet, wenn sie das Grundstück veräußern, belasten oder baulich verändern sollte. Für diesen Anspruch wurde eine Vormerkung bewilligt, die nach Eintragung der Erwerberin auch ihrerseits eingetragen wurde. Später wurde vereinbart, dass dieser Rückübertragungsanspruch auch für den Fall der Scheidung, der Zwangsvollstreckung, der Eröffnung des Insolvenz- bzw. eines Vergleichsverfahrens bestehen solle. Der Streithelfer der Klägerin, ein Notar, legte die Bewilligung beim Grundbuchamt vor. Die Rechtspflegerin vermerkte daraufhin auf der bei den Grundakten befindlichen Ausfertigung des ursprünglichen Vertrags, es sei auch auf die Ergänzungserklärung hingewiesen. Später untersagte das AG Dortmund der Erwerberin gemäß § 21 Abs. 1 InsO, über das Grundstück zu verfügen, und ersuchte das Grundbuchamt um die Eintragung. Über das Vermögen der Erwerberin wurde das Insolvenzverfahren eröffnet. Die Beklagte wurde als Verwalterin bestellt. Die Kläger verlangten die Rückübertragung des Grundstücks und die Bewilligung der Löschung der in das Grundbuch eingetragenen Verfügungsbeschränkungen. Die beiden ersten Instanzen wiesen die Klage ab, der BGH gab ihr statt.[4]
- Die Entscheidungen sind überwiegend auf Ablehnung gestoßen. Mit am sanftesten fällt dabei die Aussage aus, die Rechtsprechung sei auf dem falschen Weg;[5] sie verstoße gegen die Rechtssicherheit.[6] Die zustimmenden Stellungnahmen gingen ihrerseits recht weit; so soll es auf das Entstehungsdatum des neuen Anspruchs nicht ankommen.[7]

II. Der Zusammenhang zwischen Bewilligung und Eintragung

1. Hauptgesichtspunkt des BGH ist zunächst der Hinweis auf die §§ 879 Abs. 2, 892 Abs. 2 BGB. Dort sei die Möglichkeit einer der Eintragung nachfolgenden Einigung

3 BGH NJW 2001, 3701, 3702 unter – insoweit unklarer – Berufung auf BGHZ 143, 175, 179; zust. *Vieweg/Werner* (Fn. 1), § 14 Rn. 11 Fn. 62.

4 BGH NJW 2008, 578, 579; zust. Palandt/*Bassenge* (Fn. 1), § 885 Rn. 18; Prütting/Wegen/Weinreich/*Huhn* (Fn. 1), § 885 Rn. 8; Beck´sches Notar-Handbuch/*Jerschke*, 5. Aufl. 2009, Rn. 236; *K. Schmidt*, JuS 2008, 468; *Böhringer*, BWNotZ 2009, 71.

5 Staudinger/*Gursky*, BGB, 12. Aufl. 2008, § 885 Rn. 361; *Demharter*, MittBayNot 2008, 216.

6 Erman/*A. Lorenz*, BGB, 12. Aufl. 2008, § 885 Rn. 19; *M. Zimmermann*, NJW 2000, 2980; abl. auch *Heggen*, RNotZ 2008, 213 ff.

7 So *Amann*, MittBayNot 2000, 197.

vorgesehen.[8] Das ist im Ausgangspunkt richtig, doch steuert es zur Lösung der hier interessierenden Problematik nichts bei. Möglicherweise übersieht das Gericht mit dieser Argumentation, dass die beiden Normen zu diametral unterschiedlichen Ergebnissen führen. Bei § 879 Abs. 2 BGB ist in der Tat die Eintragung die entscheidende Zäsur, wenn sich die Parteien später einigen. Umgekehrt liegt es entgegen dem Anschein, den der BGH durch die parallele Nennung der beiden Normen erwecken könnte, bei § 892 Abs. 2 BGB. Schon der Wortlaut der Norm besagt, dass bei einer der Einigung vorangehenden Eintragung[9] nach wie vor der Zeitpunkt der Einigung den Ausschlag gibt. Die beiden vom BGH genannten Normen stehen also für genau entgegengesetzte Lösungen und können so das Ergebnis des Gerichts kaum stützen; hinzukommt, dass auch § 879 Abs. 2 BGB nur einen Teil der Problematik abdeckt.[10]

2. Im unmittelbaren Anschluss argumentiert der BGH mit der allgemeinen Regel des § 873 Abs. 2 BGB, der für die Einigung und Eintragung keine zwingende zeitliche Reihenfolge fordere.[11] Da § 885 Abs. 1 BGB eine materiell-rechtliche Sondervorschrift zu § 873 Abs. 1 BGB sei,[12] mit der Modifikation, dass es keiner Einigung bedürfe,[13] sondern die Bewilligung an ihre Stelle trete, könne die Vormerkung auch nach der Eintragung noch bewilligt werden;[14] das Tatbestandsmerkmal »aufgrund« sei kausal, nicht temporär zu verstehen.[15] Daher könne auch bei der Vormerkung die zeitliche Folge von Einigung und Eintragung frei bestimmt werden;[16] die Vormerkung könne zur Sicherung eines zweiten gleichartigen Anspruchs eingesetzt werden.[17]

a) Auch dieses Argument führt als solches nicht zum Ziel. Wenn es nämlich etwa um die Konkurrenz zweier Erwerbsprätendenten geht, taucht das Problem in abgewandelter – aber für den vorliegenden Sachverhalt irrelevanter – Form auf. Man nehme an, der Erstkäufer sei bereits eingetragen, es fehle aber nach wie vor an der

8 BGHT 143, 175, 179; ebenso Palandt/*Bassenge* (Fn. 1), § 873 Rn. 1; *Stürner/Heggen*, Anm. zu BGH LM Nr. 27 zu § 883 BGB unter 2 a, c; *Ohly/Werner*, JuS 2007, 556; *Wilhelm*, Sachenrecht, 3. Aufl. 2007, Rn. 2245, der allerdings die Rückwirkung auf den Zeitpunkt der Eintragung verneint; dies ist nur im Hinblick auf die Frage, ob die Forderung schon besteht, überzeugend.

9 Der Fall des Antrags auf Eintragung spielt keine Rolle, weil entweder die Eintragung vor der Einigung erfolgt ist oder aber später als die Einigung liegt. Im letztgenannten Fall verbleibt es ohnehin bei den allgemeinen Regeln, dass das dingliche Recht erst mit der Eintragung entsteht.

10 Vgl. genauer unten III 2 b aa.

11 BGHZ 143, 175, 179 f.

12 BGHZ 143, 175, 179; Palandt/*Bassenge* (Fn. 1), § 885 Rn. 1.

13 Palandt/*Bassenge* (Fn. 1), § 885 Rn. 1.

14 BGHZ 143, 175, 180.

15 BGHZ 143, 175, 179; wohl auch MünchKomm/*Kohler*, BGB, 5. Aufl. 2009, § 885 Rn. 16 Fn. 76.

16 BGHZ 143, 175, 179 f.; Palandt/*Bassenge* (Fn. 1), § 885 Rn. 8.

17 BGHZ 143, 175, 179; *Stürner/Heggen*, Anm. zu BGH LM Nr. 27 zu § 883 BGB unter 2 c; nicht ganz eindeutig Palandt/*Bassenge* (Fn. 1), § 885 Rn. 16.

dinglichen Einigung. Dann kann es zu einer weiteren Verfügung des Verkäufers an den Zweitkäufer wegen der – nunmehr fehlenden –Voreintragung des Verkäufers nicht mehr kommen. In diesem Gebiet überzeugt die vom BGH zitierte Regel zur Bewältigung der Kollision nicht.

b) Die freie Reihenfolge zwischen Einigung und Eintragung käme als Hilfe bei der Lösung von Konkurrenzen in Betracht, wenn es um ein Zusammentreffen der Einräumung mehrerer beschränkt dinglicher Rechte oder eines beschränkt dinglichen Rechts und einer nachträglichen Übereignung geht. Beispiel für die erstgenannte Konstellation ist der Fall, dass zugunsten des Erwerbsprätendenten eines dinglichen Wohnungsrechts dieses bereits eingetragen ist, die dingliche Einigung aber noch fehlt. Dann wird eine Hypothek bestellt. Nunmehr einigen sich der Eigentümer und der Erwerbsprätendent hinsichtlich des dinglichen Wohnungsrechts. Beispiel für die zweite Fallkonstellation ist die Übereignung anstelle der Hypothekenbestellung; ansonsten bleibt der Sachverhalt unverändert. Doch ist das Ergebnis dann von der Ausgangsüberlegung des Gerichts her nicht mehr zwingend. Ob die beliebige Reihenfolge von Einigung und Eintragung bei der Übereignung auch die Konkurrenz zu Dritten lösen soll, ist gerade die offene und durch die Ausgangsprämisse nicht beantwortete Frage.

3. Auch die Gegenthesen der Literatur vermögen nicht recht zu überzeugen. Denn sie hätten zur Folge, dass bei jeder Neubestellung einer Forderung eine neue Vormerkung nicht nur bewilligt, sondern auch eingetragen werden müsste.[18] Das vertrüge sich mit der Rechtslage nach Heilung einer bislang nach § 311b Abs. 1 S. 1 BGB (= § 313 S. 1 BGB a.F.) formnichtigen Forderung, wenn nunmehr Auflassung und Eintragung erfolgen; hier wirkt die Heilung ex nunc.[19] Die von der h.M. befürwortete Anwendung des § 879 Abs. 2 BGB[20] ist – für einen eingeschränkten Bereich der Norm – auch von den Kritikern des BGH anerkannt.[21] Daher müsste man für § 885 BGB eine Sonderrolle reklamieren. Dafür ist indes nichts ersichtlich. Auch entspricht es der ganz h.M., dass die Vormerkung entsteht, wenn nach einer zumindest ohne wirksame Eintragungsbewilligung erfolgten Eintragung die Bewilligung nachgeholt wird.[22] Allerdings kann sie das – wie sich zeigen wird[23] – nur,

18 Staudinger/*Gursky* (Fn. 5), § 883 Rn. 47.

19 BGHZ 54, 56, 64; BGH NJW 1983, 1543, 1544; OLG Hamm NJW 1986, 136; *Jauernig*, BGB, 13. Aufl. 2009, § 883 Rn. 8; MünchKomm/*Kohler* (Fn. 15), § 883 Rn. 23; Staudinger/*Gursky* (Fn. 5), § 883 Rn. 46; Palandt/*Grüneberg*, BGB, 69. Aufl. 2010, § 311b Rn. 56; *Wilhelm* (Fn. 8), Rn. 2245; *Vieweg/Werner* (Fn. 1), § 14 Rn. 11; *Medicus/Petersen*, Bürgerliches Recht, 22. Aufl. 2009, Rn. 555; *J. Hager*, JuS 1990, 431; *Assmann*, Die Vormerkung (1998), S. 64. Die Frage, ob nur ein reiner Rechtsgrund geschaffen wird (Staudinger/*Gursky* (Fn. 5), § 883 Rn. 45), spielt eine untergeordnete Rolle.

20 *Assmann* (Fn. 19), S. 149; *M. Zimmermann*, NJW 2000, 1279; *Heggen*, RNotZ 2008, 215, 216; wohl auch Soergel/*Stürner*, BGB, 13. Aufl. 2002, § 885 Rn. 6.

21 Staudinger/*Gursky* (Fn. 5), § 883 Rn. 283; *Wilhelm*, JZ 1990, 503; unklar *Jauernig* (Fn. 19), § 885 Rn. 10, der daraus auf die Wirkung ex nunc schließt.

22 BGHZ 143, 175, 179; Staudinger/*Gursky* (Fn. 5), § 885 Rn. 14; Soergel/*Stürner* (Fn. 20), § 885 Rn. 6.

wenn die zu sichernde Forderung schon besteht. Anders gewendet: Bei einer zwar der Eintragung entsprechenden Verfügung hilft eine spätere Bewilligung nichts, wenn die Forderung erst nach der Zwischenverfügung entsteht.

4. Allerdings bleibt der BGH auf halbem Weg stehen, indem er den Zeitpunkt der neuen Bewilligung für ausschlaggebend hält, was den Rang angeht.[24] Das überzeugt nicht. Zum einen wäre Anlass für das Gericht gewesen, sich mit der – zwar nicht notwendig unmittelbar einschlägigen – Wertung des § 879 Abs. 2 BGB auseinanderzusetzen. § 879 Abs. 2 BGB enthält immerhin die Wertentscheidung über die zeitliche Divergenz von Eintragung und Einigung, was den Rang betrifft. Der Vergleich zur Eintragung und Bewilligung liegt nahe.[25] Zum anderen reduzierte sich sonst die Verwendung einer bereits erfolgten Eintragung auf die eher formale Frage, ob die Eintragung zu löschen und erneut vorzunehmen ist. Und schließlich – und das gibt den Ausschlag – findet sich die Antwort in § 883 Abs. 3 BGB.[26] Die Norm betrifft ihrem Regelungsgehalt nach zunächst nur den Rang des vorgemerkten dinglichen Rechts. Diese Rangordnung greift kraft Gesetzes ein und macht ein Verfahren nach § 888 Abs. 1 BGB überflüssig.[27] Daneben und mittelbar hat die Vorschrift jedoch eine weitere Funktion. Sie regelt implizit den Zeitpunkt der Entstehung der Vormerkung. Unabhängig von der nach wie vor strittigen Frage, ob die Vormerkung als solche rangfähig ist,[28] lässt sich § 883 Abs. 3 BGB entnehmen, dass die Eintragung der Vormerkung die entscheidende Zäsur bildet. Damit ist ein vom endgültigen Entstehen der Vormerkung möglicherweise abweichender Zeitpunkt geregelt. § 883 Abs. 2 BGB setzt zwar trotz identischen Wortlaut die Bestellung der Vormerkung voraus.[29] Würde man auch § 883 Abs. 3 BGB so interpretieren, dass es also nicht auf die Eintragung, sondern auf die Entstehung ankomme, so hätte die Norm keinen Anwendungsbereich. Ist die Vormerkung entstanden, so bedürfe es keiner Norm wie § 883 Abs. 3 BGB nicht.

Dem entspricht, dass die h.M. – unabhängig von der Frage der Rangfähigkeit der Vormerkung bei ihrer Entstehung und dem daraus resultierenden Rang des endgültigen Rechts – § 879 Abs. 2 BGB heranzieht;[30] auch die abweichende Ansicht wendet

23 Vgl. dazu unten III 1 b.

24 BGHZ 143, 175 Ls. 2, 183; BGH NJW 2008, 578 Ls. 2; zust. *Böhringer*, BWNotZ 2009, 71; in BGH NJW 2008, 578, 579 Tz. 13, 580 Tz. 17 stellt das Gericht auf die Existenz des Anspruchs und nicht auf den Zeitpunkt der Bewilligung ab.

25 BGHZ 143, 175, 180; Palandt/*Bassenge* (Fn. 1), § 885 Rn. 16; uneinheitlich Staudinger/*Gursky* (Fn. 5), § 883 Rn. 283 (für Anwendung des § 879 Abs. 2), § 885 Rn. 14 (für kumulatives Erfordernis von Bewilligung und Eintragung).

26 *Assmann* (Fn. 19), S. 149; so im Ergebnis auch BGH NJW 1981, 446, 447, der den Gedanken allerdings nicht näher ausführt.

27 Staudinger/*Gursky* (Fn. 5), § 883 Rn. 271.

28 Vgl. die Darstellung bei Staudinger/*Gursky* (Fn. 5), § 883 Rn. 279.

29 MünchKomm/*Kohler* (Fn. 15), § 883 Rn. 55; Staudinger/*Gursky* (Fn. 5), § 883 Rn. 225; *Rosenberg*, Sachenrecht, Erster Halbband (1919), § 883 Anm. IV 1; *Assmann* (Fn. 19), S. 158.

30 Vgl. oben II 1 mit Fn. 8.

die Norm zumindest analog an.[31] Damit ist die Frage für den Fall der Eintragung, der anschließenden Zwischenverfügung und der dann folgenden Bewilligung entschieden. Die Vormerkung kann die Zwischenverfügung im Ergebnis zu Fall bringen. Für das vorliegende Problem sind damit ebenfalls die Würfel gefallen. Die Vormerkung bestimmt sich nach der Eintragung – auch wenn die Bewilligung vor der Zwischenverfügung noch fehlt.

5. Unklar ist allerdings, ob und inwieweit ein Bezug zwischen der nachträglichen Bewilligung und der Eintragung gegeben sein muss. Das wird in der Rechtsprechung der Instanzgerichte zum Teil stillschweigend vorausgesetzt;[32] doch überzeugt das nicht, wie auch die h.M. annimmt.[33] Ohnehin dürfte bei einer ausdrücklichen – erneuten – Bewilligung der Bezug klar sein, wenn und soweit kein neuer Eintragungsantrag gestellt war. Das folgt aus einer interessengerechten Auslegung. Wenn es ferner um die Übereignung eines Grundstücks geht, kann man es sich kaum vorstellen, dass die Einigung nicht auf die vorangegangene Eintragung des Erwerbers bezogen sein soll. Dass die Betroffenen sich zwar einigen, nicht aber die Änderung der dinglichen Rechtslage herbeiführen wollen, ist ihnen nicht ohne weiteres zu unterstellen; dies bedürfte zusätzlicher Anhaltspunkte. Dasselbe gilt für das Parallelinstitut der Vormerkung. Der in vielerlei Hinsicht einem dinglichen Recht im Sinn des § 873 BGB angenäherte Charakter der Vormerkung muss auch in diesen Fällen dazu führen, dass die Vorschriften über das dingliche Recht zumindest analog anwendbar sind.

III. Die Funktion des Anspruchs

Möglicherweise krankt die Diskussion daran, dass Fallgruppen, die ihrem Wesen nach zu trennen sind, nicht hinreichend voneinander geschieden werden.

1. Das gilt schon für die grundsätzliche Differenzierung zwischen der ersten und der dritten vom BGH entschiedenen Konstellation.

a) Der Anspruch in der ersten Entscheidung stand als solcher fest. Er ging auf die Übereignung des Grundstücks. Die davon zu trennende Überlegung geht dahin, dass der Anspruch auf Übereignung gerichtet ist, die Gegenleistung aber keine Rolle spielt. Diese Gegenleistung kann wie beim Kauf der im Synallagma stehende Kaufpreis sein. Die Gegenleistung kann aber auch wie bei der Schenkung völlig fehlen. Am Übertragungsanspruch des Forderungsinhabers ändert das nichts.[34] Dem steht gleich, dass der Umfang der Übereignungspflicht nicht ausgedehnt wird, sondern

31 Staudinger/*Gursky* (Fn. 5), § 883 Rn. 283.
32 OLG Frankfurt a.M. DNotZ 1985, 539, 541.
33 BGHZ 143, 175, 181; BGH NJW 1973, 613, 614.
34 MünchKomm/*Kohler* (Fn. 15), § 883 Rn. 14; *Schubert*, JR 2001, 62; *Grunsky*, EWiR 2000, 286.

sich die Anspruchsgrundlage ändert;[35] so kann es etwa liegen, wenn sich der Verkäufer nachträglich verpflichtet, auf dem verkauften Grundstück ein Haus zu errichten, so dass an die Stelle des reinen Kaufvertrags ein gemischter Vertrag treten kann.[36]

b) Anders liegt es dagegen im dritten Fall. Hier wird nämlich die Pflicht zur Übereignung erweitert. Dies folgt aus mehreren Überlegungen. Der Schuldner verpflichtet sich jetzt zu mehr, als er ursprünglich schuldete. Damit verändert sich der Anspruch inhaltlich. Sollten eine Bedingung bzw. die Abhängigkeit von in der Zukunft liegenden Ereignissen aufgegeben und der Anspruch als unbedingte, unter Umständen sogar sofort fällige Forderung begründet werden, so ist die Modifikation des Anspruchs und damit der Sicherungswirkung der Vormerkung nicht zu bezweifeln.[37] Man kann das ferner verdeutlichen anhand von mehreren Parallelüberlegungen. Der ursprüngliche Eigentümer habe für den Fall der Weiterveräußerung einen durch eine Vormerkung gesicherten Anspruch auf Rückübereignung. Nunmehr wird auch der Fall der Insolvenz gesichert – und zwar durch eine vertragliche Verpflichtung gegenüber dem Ehepartner des früheren Eigentümers. Dass hier die Vormerkung zugunsten des früheren Eigentümers die Forderung seines Ehepartners nicht sichert, ist evident. Der Anspruch der Ehefrau bedürfte also einer eigenen Vormerkung. Dasselbe gilt, wenn der frühere Eigentümer sich die Erweiterung der Rückübereignungsansprüche im Rahmen eines echten Vertrags zugunsten seines Partners versprechen ließe. Zumindest wenn der begünstigte Dritte schon feststeht, kann er durch eine Vormerkung gesichert werden.[38] Daneben ist stets auch die Vormerkung zugunsten des Versprechensempfängers möglich.[39] Es wäre ein schwer erklärbarer Widerspruch, dass es sich bei der Vormerkung zugunsten des Dritten selbstverständlich um eine Vormerkung handeln müsste, die erst zu bewilligen wäre, während beim Versprechensempfänger dieser Anspruch durch die schon bestehende Vormerkung abgesichert wäre. Dann kann allerdings nichts anderes gelten, wenn es nur um einen Anspruch des ehemaligen Eigentümers geht – etwa ein unechter Vertrag zugunsten Dritter geschlossen wird, bei dem nur der Anspruch des Versprechensempfängers durch eine Vormerkung gesichert werden kann[40] – oder aber von vornherein nur ein Anspruch des früheren Eigentümers entsteht. Letztendlich handelt es sich auch nicht um ein Problem ausschließlich oder auch nur primär der nachfolgenden Beeinträchtigung; dasselbe gilt, wenn die Bewilligung der Eintragung vorausgeht, aber die zu sichernde Forderung fehlt. Damit ist das Ergebnis auch durch einen Erst-Recht-Schluss untermauert. Zum selben Resultat kommt man

35 MünchKomm/*Kohler* (Fn. 15), § 883 Rn. 14.
36 Vgl. statt aller Palandt/*Sprau*, 69. Aufl. 2010, Vorb. v. § 633 Rn. 3.
37 *Heggen*, RNotZ 2008, 215.
38 Staudinger/*Gursky* (Fn. 5), § 883 Rn. 71.
39 Staudinger/*Gursky* (Fn. 5), § 883 Rn. 75.
40 Staudinger/*Gursky* (Fn. 5), § 883 Rn. 77.

übrigens, wenn man die Vormerkung – was ihre Wirkung angeht – in derartigen Fällen nach dem Zeitpunkt der erneuten Bewilligung bestimmt.[41]

2. In der drittgenannten Entscheidung geht der BGH sogar noch weiter. Der durch eine Vormerkung zu sichernde Anspruch brauche weder fällig noch begründet zu sein. Zwar erlösche die Vormerkung mit dem Erlöschen des gesicherten Anspruchs. Die unabhängig von dem gesicherten Anspruch fortbestehende Eintragung erlaube es aber, eine erloschene Vormerkung wieder aufzuladen.[42] § 879 Abs. 2 BGB sei auch anwendbar, wenn weitere Entstehungsgründe für den gesicherten Anspruch geschaffen würden, da die Erweiterung hinter der Neubegründung einer Forderung zurückbleibe.[43]

a) Das Argument des Gerichts, dass nämlich § 883 Abs. 1 S. 2 BGB die Sicherung bedingter und künftiger Forderungen zulasse, ist zwar überzeugend. Die weitere Konsequenz, der Anspruch brauche noch nicht begründet zu sein,[44] wird jedenfalls durch das Argument, § 879 Abs. 2 BGB gelte direkt oder analog, nicht getragen. Ob die Eintragung auch Wirkung entfaltet, wenn es noch keine zu sichernde Forderung gibt, erscheint als in hohem Maße fraglich.

aa) Generell lässt man die Sicherung künftiger Forderungen durch eine Vormerkung nur zu, wenn »der Rechtsboden« bereitet ist.[45] Man präzisiert diese eher wolkige Formel dahin gehend, ein derartiger Rechtsboden fehle, wo der künftige Schuldner die Bindung noch willkürlich beseitigen könne.[46] Paradefall für das Fehlen eines künftigen Anspruchs sei es, wenn die Entstehung der Forderung davon abhänge, dass der Schuldner das anspruchsbegründende Rechtsgeschäft erst vornehme,[47] bzw. die Konstellation, dass das Entstehen des Anspruchs ausschließlich von dem Willen des künftigen Schuldners abhänge.[48] An dieser Stelle kann offen bleiben, wie der erweiterte Anspruch im Einzelnen zustandekam und wie er zu konstruieren ist. Dass er noch nicht besteht, ist schon deshalb nahe liegend, weil jeden-

41 BGHZ 143, 175, 183; BGH NJW 2008, 578 Ls. 2; *Stürner/Heggen*, Anm. zu BGH LM Nr. 27 zu § 883 BGB unter 2 d.

42 BGH NJW 2008, 578, 579 Tz. 13; *Stürner/Heggen*, Anm. zu BGH LM Nr. 27 zu § 883 BGB unter 2 c – zur mangelnden Schärfe des Arguments mit § 879 Abs. 2 BGB vergleiche schon oben II 1.

43 BGH NJW 2008, 578, 580 f. Tz. 15 unter Berufung auf Staudinger/*Gursky*, BGB, 2002, § 883 Rn. 334; freilich hatte sich bereits Staudinger/*Gursky* BGB, 2002, § 883 Rn. 333 entschieden gegen die Auffassung gewandt; Staudinger/*Gursky* (Fn. 5), § 883 Rn. 357 lehnt nunmehr auch die Auffassung von BGH NJW 2008, 578, 580 f. Tz. 15 ab.

44 BGH NJW 2008, 578, 579 Tz. 13; *M. Zimmermann*, NJW 2000, 2979; wohl auch BGHZ 143, 175, 182.

45 BGHZ 151, 116, 122; MünchKomm/*Kohler* (Fn. 15), § 883 Rn. 34; Staudinger/*Gursky* (Fn. 5), § 883 Rn. 183 m.w.N.; *Wilhelm* (Fn. 8), Rn. 2245 Fn. 3394; *J. Hager*, JuS 1990, 432.

46 BGHZ 134, 181, 188; 151, 116, 122; 166, 319, 324 Tz. 13; Staudinger/*Gursky* (Fn. 5), § 883 Rn. 183 m.w.N.; *J. Hager*, JuS 1990, 432; *Amann*, MittBayNot 2000, 198.

47 BGHZ 134, 182, 184 f.; 166, 319, 324 Tz. 13; Staudinger/*Gursky* (Fn. 5), § 883 Rn. 183 m.w.N.

48 BGHZ 149, 1, 3; 166, 319, 324 Tz. 13.

falls die Erweiterung des Anspruchs der Abrede der Beteiligten bedürfte. Die Diskussion einer Wiederaufladung der Vormerkung macht auch nur Sinn, wenn der Anspruch – jedenfalls in diesem Umfang – noch nicht gesichert war. Der BGH entfernt sich also, ohne es zu verdeutlichen oder plausible, gar zwingende Gründe zu nennen, von seiner bisherigen Linie. Seine These unterstellt, droht das, was die h.M. mit der – eher restriktiven – Interpretation des künftigen Anspruchs verhindern will. Zu befürchten ist eine Überlastung des Grundbuchs; potentielle Bieter könnten in einem Zwangsversteigerungsverfahren angesichts solcher »Hoffnungsvormerkungen[49]« abgeschreckt werden.[50]

bb) Wie auch das Gericht selbst sieht, bleibt die Existenz der Forderung unabdingbare Voraussetzung für die Vormerkung.[51] Das entspricht auch der bisherigen Rechtsprechung. Der BGH hat – wie erwähnt – bei der Sicherung einer formnichtigen Forderung so entschieden und nur eine Heilung ex nunc zugelassen;[52] dasselbe gilt nach der Rechtsprechung des OLG Frankfurt bei der Bestätigung einer bislang wegen § 117 BGB nichtigen Forderung auf Übereignung eines Grundstücks; auch sie entfaltet keine Rückwirkung.[53] Deckungsgleich ist ein Anspruch nur, wenn Schuldner, Gläubiger und Ziel des Anspruchs identisch sind.[54]

b) Natürlich kann eine Vormerkung wirksam werden, wenn der zu sichernde Anspruch nunmehr entsteht. Doch sind zwei Punkte zu beachten.

aa) Erst die Begründung der Forderung lässt die Vormerkung (wieder) entstehen. Damit schützt sie nicht gegen Verfügungen des Verpflichteten an Dritte, die vor dem Zeitpunkt der Entstehung der Forderung vorgenommen werden.[55] So unterscheiden sich diese Konstellationen auch von denjenigen des § 879 Abs. 2 BGB, bei der die Einigung auf den Zeitpunkt der Eintragung rückbezogen wird. Das ist bei der Vormerkung gerade nicht der Fall. Sie ist kraft ihrer Akzessorietät von der Entstehung der – wenn auch möglicherweise bedingten oder künftigen – Forderung abhängig.

bb) Dasselbe gilt bei der Erweiterung des bestehenden Anspruchs. Das ist selbstverständlich, wenn etwa inhaltlich die Forderung auf weitere Teile des Grundstücks erstreckt wird, also statt einer – erst wegzumessenden – Fläche von 1000 qm nunmehr 1200 qm von der Forderung erfasst sein sollen. Es gilt erst recht, wenn ein

49 Ausdruck nach Staudinger/*Gursky* (Fn. 5), § 883 Rn. 361; von anspruchsleerer auf Vorrat gehaltener Vormerkung sprechen *Streuer*, Rpfleger 2000, 105; *Amann*, MittBayNot 2000, 198.

50 Staudinger/*Gursky* (Fn. 5), § 883 Rn. 184 m.w.N., der freilich nur den zweiten Grund für überzeugend hält.

51 BGHZ 143, 175, 183; BGH NJW 2008, 578, 579 Tz. 13, 580 Tz. 17.

52 Vgl. schon II 3 und Fn. 19.

53 OLG Frankfurt a.M., DNotZ 1995, 539, 540 unter Berufung auf RGZ 75, 114, 115; BGHZ 54, 56, 63.

54 OLG Frankfurt a.M., DNotZ 2009, 130 unter unklarer Berufung auf BGHZ 143, 175, 181; *Meikel/Ebeling*, Grundbuchrecht, 9. Aufl. 2009, § 12 GBV Rn. 30a; ähnl. BGH NJW 2001, 2701 f.

55 BGHZ 143, 175, 183; BGH NJW 2008, 578, 580 Tz. 17; OLG Frankfurt a.M., DNotZ 1995, 539, 540; LG Lübeck NJW-RR 1996, 914, 915.

Dritter Inhaber der Forderung auf Übereignung der zusätzlichen 200 qm werden sollen.

3. Eine weitere Überlegung betrifft die Frage, ob die Ansprüche modifiziert werden.

a) Bleibt der Anspruch als solcher unverändert, wird also nur die Gegenleistung modifiziert – was nur bei Fällen zum Tragen kommt, mit denen sich die erste Entscheidung zu beschäftigen hatte –, so stellt sich die Frage des Wiederaufladens der Vormerkung nicht, weil es nichts wiederaufzuladen gibt. Der Anspruch auf Übereignung des Grundstücks besteht unverändert fort. Und auch die Höhe einer eventuellen Gegenleistung hat auf die Existenz und Wirkung der Vormerkung keinerlei Einfluss. Dies gilt auch dann, wenn die Modifikation der Gegenleistung, die ja den schuldrechtlichen Anspruch auf Änderung der dinglichen Rechtslage in keiner Weise berührt, nach der Zwischenverfügung vorgenommen werden sollte. Das Ganze hat mit einem Wiederaufladen der Vormerkung, die ja gerade nicht erloschen ist, nichts zu tun.

b) Das Problem der Wiederaufladung stellt sich erst dann, wenn die Entstehung oder Erweiterung des Anspruchs der Zwischenverfügung nachfolgt. Das sind im Rahmen der ersten Entscheidung die Konstellationen, in denen der nach der Zwischenverfügung entstandene Anspruch auf die vorher eingetragene Vormerkung bezogen wird. Die Antwort war in den §§ 879 Abs. 2, 892 Abs. 2 BGB gerade nicht zu finden.[56] Es ist vielmehr zu differenzieren.

aa) Wird der Umfang der Forderung reduziert, so bleibt es bei der Sicherung dieser Forderung durch die Vormerkung. Beispiele sind die Reduktion der Übereignungspflicht in quantitativer Hinsicht – etwa wenn nur mehr ein Teil der ursprünglich ins Auge gefassten Grundstücksfläche übereignet werden soll.[57] Dasselbe gilt auch bei einer Übereignungspflicht, die alternativ an verschiedene Bedingungen geknüpft ist, wenn eine der Bedingungen aufgehoben wird. Ist die Rückübertragung für den Fall der Weiterveräußerung und der Scheidung des Bedachten vorgesehen und einigen sich die Parteien später dahin gehend, dass der Fall der Scheidung keinen Grund zur Pflicht der Rückübertragung mehr darstellen soll, so ändert das an der Wirksamkeit der Vormerkung nichts; allenfalls kann die Berichtigung auf den nunmehr reduzierten Anspruchsinhalt verlangt werden.

bb) Anders verhält es sich bei einer Erweiterung des Umfangs der Forderung auf Übereignung. Hier sichert die Vormerkung, wenn sie nicht ihrerseits auf die neuen Forderungen erstreckt wird, nicht den erweiterten Bestand des Anspruchs.[58] Beispiele sind die Fälle, in denen ein Dritter Eigentümer des Grundstücks geworden ist und damit – ausschließlich – als Passivlegitimierter in Betracht kommt.[59] Gleiches gilt aber auch, wenn die Voraussetzungen, unter denen etwa eine Rückübertragung verlangt werden kann, erweitert werden, etwa nicht nur im Fall der Weiterveräuße-

56 Vgl. dazu oben II 1.
57 So wohl auch *Schubert*, JR 2001, 62.
58 *Meikel/Ebeling* (Fn. 54), § 12 GBV Rn. 30.
59 Vgl. dazu OLG Frankfurt a.M., DNotZ 2009, 130 und schon oben III 1 b.

rung die Rückübertragung geschuldet ist, sondern nunmehr auch für den Fall der Scheidung vorgesehen wird.[60] Völlig irrelevant wird die Vormerkung indes nicht. Kommt es im soeben geschilderten Beispiel zur Weiterveräußerung durch den Ersterwerber, so kann der Erstverkäufer vom Zweiterwerber die Bewilligung zu seiner Eintragung nach § 888 Abs. 1 BGB verlangen; dass er für den Fall der Scheidung diese Befugnis nicht hätte, spielt hier keine Rolle.

c) Die Wiederaufladung der Vormerkung nach einer Novation ist unproblematisch, wenn sie vor der Zwischenverfügung erfolgte.[61] Folgt die Novation der Zwischenverfügung, so spielt die Rechtsnatur der Novation und die Frage, ab wann sie wirkt, eine entscheidende Rolle. Dies ist allerdings ein Querschnittsproblem, das von der Verjährung, der Bürgschaft, der Vormerkung bis hin zur Hypothek und Höchstbetraghypothek reicht. Es kann und braucht hier nicht gelöst zu werden; allerdings mag einiges dafür sprechen, eine Novation abzulehnen, wenn dadurch Sicherungen mittels Vormerkung, Bürgschaft oder beispielsweise beschränkt dingliche Rechte unterzugehen drohen.[62] Je nach Ergebnis geht es um die alte Forderung – dann gelten die Regeln der ersten Entscheidung – oder um eine neue Forderung – dann greifen die Überlegungen zur dritten Entscheidung ein.

IV. Die beschränkte Wirkung der Wiederaufladung einer Vormerkung

1. Die Wiederaufladung einer Vormerkung ist also bei weitem weniger spektakulär, als es auf den ersten Blick scheinen mag. Auch die Reaktion mancher Stimmen im Schrifttum überzeichnet möglicherweise die Problematik. Im Ganzen geht es nur darum, ob die Bewilligung einer Vormerkung der Eintragung vorangehen kann. Auch diese Frage stellt sich nur in reduzierter Form. Will man nämlich dem Argument Tribut zollen, das Grundbuch solle nicht überfrachtet werden, so lässt sich eine Eintragung von Vormerkungen für noch nicht existente Forderungen kaum rechtfertigen. Im Wesentlichen dürfte es nur um die Fälle gehen, in denen die Eintragung – sei es aus Versehen, sei es wegen der nicht erkannten Nichtigkeit der Forderung – vorgenommen wurde. Dann erscheint in der Tat eine Löschung überflüssig, wenn sofort eine Eintragung vorgenommen werden muss.

2. Unabdingbar bleibt freilich, dass die Bewilligung den neuen Umfang der Forderung abdeckt. Das sei noch mal an der drittgenannten Entscheidung exemplifiziert. Die Bewilligung des Anspruchs auf Rückauflassung für den Fall der Veräußerung deckt nicht den Anspruch auf Rückauflassung für den Fall der Insolvenz ab. Soll der zweitgenannte Anspruch (auch) gesichert werden, so bedarf es einer entsprechenden Bewilligung.

60 Vgl. dazu oben I 3.
61 Siehe soeben III 3 b bb.
62 *Meikel/Ebeling* (Fn. 54), § 12 GBV Rn. 28; *Amann*, MittBayNot 2000, 200.

3. Ein Zusatzproblem kann sich im Rahmen des redlichen Zweiterwerbs stellen. Allerdings schlägt er nach den allgemeinen Regeln fehl, wenn die zu sichernde Forderung (noch) nicht besteht.[63] Eine Erweiterung kann es also nur für den Fall geben, dass die Forderung – wenn auch nach einer Zwischenverfügung – entstanden ist, die Vormerkung bewilligt wird, die Forderung nunmehr zediert wird und in Analogie zu § 401 BGB sich die Frage stellt, ob die Vormerkung von dieser Zession mitgezogen und letztendlich redlich erworben wird, die Zwischenverfügung also nicht zum Tragen kommt. Darin liegt zwar eine geringfügige Erweiterung gegenüber der bisherigen h.M.; doch ist diese systemkonform und daher kein Gegenargument gegen die Wiederaufladung der Vormerkung. Der durch die Zwischenverfügung Begünstigte hat allerdings vor Entstehung der Forderung das Recht, einen Widerspruch im Grundbuch zu erwirken, der seine Position gegen einen redlichen Erwerb sichert.

V. Zusammenfassung

1. Bei der Vormerkung ist die Bewilligung nach der Eintragung möglich, wenn die zu sichernde Forderung vor der Zwischenverfügung des Schuldners der Vormerkung bzw. vor Wirksamwerden von Zwangsvollstreckungsmaßnahmen, Arrestvollziehungen oder Maßnahmen der Insolvenz begründet ist. Insoweit gilt die Regelung des § 889 Abs. 3 BGB – zumindest analog.

2. Dagegen entfaltet eine Vormerkung keine Sicherungswirkung hinsichtlich von Forderungen, die als Ganze oder partiell erst nach dem Wirksamwerden der Zwischenverfügung bzw. von Maßnahmen der Zwangsvollstreckung, Arrestvollziehung oder des Insolvenzverwalters begründet werden.

63 Vgl. statt aller Palandt/*Bassenge* (Fn. 1), § 885 Rn. 12; *Vieweg/Werner* (Fn. 1), § 14 Rn. 15; *J. Hager*, JuS 1990, 437, 438.

FSC
www.fsc.org
MIX
Papier | Fördert
gute Waldnutzung
FSC® C083411

Kolibri 360 GmbH
Ferdinand-Jühlke-Straße 7
99095 Erfurt, Deutschland
produktsicherheit@kolibri360.de